최고의 팀을 만드는
심리적 안전감

최고의 팀을 만드는
심리적
안전감

김현정 지음

조 직 을 살 리 고 혁 신 을 이 끄 는 힘

TEAM

다블북

최고의 팀을 만드는
심리적 안전감

2판 1쇄 인쇄 2024년 9월 2일
2판 1쇄 발행 2024년 9월 6일

지은이 | 김현정
펴낸이 | 하인숙

펴낸곳 | 더블북
출판등록 | 2009년 4월 13일 제2022-000052호

주소 | (우)07983 서울시 양천구 목동서로 77 현대월드타워 1713호
전화 | 02-2061-0765
팩스 | 02-2061-0766
이메일 | doublebook@naver.com

• 잘못된 책은 구입하신 서점에서 바꾸어 드립니다.
• 책값은 뒤표지에 있습니다.
• 참신한 기획과 원고가 있으신 분들은 연락처와 함께
  doublebook@naver.com으로 보내주세요.

조직을 살리고
혁신을 이끄는 힘

많은 학자들이 지금을 '전시 상황'이라고 말합니다. 경제 전쟁, 원인을 알 수 없는 질병…. 수많은 악재들이 우리를 위협하고 있습니다. 여기에 나르시시스틱한 리더들의 힘 싸움, 위기 대응 능력의 부족까지 더해져 세계는 다방면으로 위협에 노출되어 있습니다.

사람들이 느끼는 불안감은 최대치로 치솟았습니다. 심지어 근원적인 생명의 위협까지 느낀다는 이들도 많습니다. 생존을 걱정해야 하는 기업도 늘고 있습니다.

이런 상황에서도 어떤 기업은 새로운 환경에 적응한 획기적인 혁신을 통해 성장하고 있습니다. 전방위적인 불안 요소를 극복한 조직은 '심리적 안전감이 높다'는 것이 실증적으로 검증되었습니다. 심리적 안전감을 주는 조직만이 결국 살아남는다는 이론은 이미 각광받고 있었지만, 지금과 같은 위기 상황에 더 주목받고 있습니다.

2018년 구글은 '고성과 조직의 특징'에 대해 2년 간 연구한 결과를 발표했는데, 고성과 조직에만 있는 요소는 '심리적 안전감'이라고 밝혔습니다. 2019년 하버드에서 주최한 코칭 컨퍼런스에서는 이 심리적 안전감을 감정의 뇌스캔 연구 결과와 연결시켜 설명했습니다. 사람들을 가장 괴롭히는 정서는 불안이며, 이 불안은 점차 가중되고 있다는 것입니다.

2019년 하반기, DBR(동아 비즈니스 리뷰)로부터 '2020년의 리더십 이슈'에 대한 기고 요청을 받았습니다. 저는 가능한 상황을 희망적으로 보려는 성향의 사람임에도 불구하고, 2020년을 사는 리더들의 앞길은 가시밭이었습니다.

대외적인 불안 요소는 일명 '스트롱맨'들이 잡고 있는 세계 경제입니다. 몇 년 전부터 많은 정치학자들은 현재 국가 수반들의 리더십을 세계대전 직전과 비교하며 일촉즉발의 상황이라고 경고했습니다. 미국의 트럼프 대통령, 중국의 시진핑 주석, 러시아의 푸틴 대통령 등이 주도권을 잡고 있는 세상은 평화나 화합과는 거리가 멉니다. 지금까지 그들이 보인 평화 제스처는 기본적으로 관심 끌기 혹은 이미지 관리에 불과했습니다. 이러한 현상은 코로나 바이러스 사태를 맞아 극에 달하게 되었습니다. 이들을 스트롱맨이라 부르는 이유는 단순히 성격이나 자기 주장, 색깔이 강하기 때문은 아닙니다. 이들은 극단적인 자존심에 대한 욕구, 타인으로부터 찬사와 관심에 강한 집착을 가지고 타인을 착취하고 괴롭힘으로써 자신의 부적절한 감정을 상쇄하고 싶어 하는 나르시시스트입니다. 그래서 일반인들의 상식으로 이해하거나 다룰 수 없습니다. 불행하게도 이들을 통제할 수 있는 방법은 없다고 전문가들은 말합니다. 그저 알고나 당하고 견디는 수밖에 없으며, 이후 이들의 독주를 막는 시스템을 구축하는 것이 유일한 방법이라고 조언합니다.

조직 내에서는 세대교체가 이루어지고, 직장인 괴롭힘 방지법 등 각종 제도가 생겨 그간 '무례했던' 리더들은 불법이라는 딱지가 붙지 않게 스스로를 검열해야 합니다. 주 52시간 근무제 등으로 행정 업무가 많아졌으며, 리더가 져야 할 법적 책임도 커졌습니다.

일터에서는 중요한 것들의 순서가 바뀌었습니다. 조직을 나가도 수 개월 실업 급여를 받을 수 있기에 젊은이들은 과거보다 더 쉽게 이탈합니다. 그러나 리더들은 이런 젊은이들을 붙잡을 리더십이 무엇인지 몰라 헤맵니다. 이 시대에 필요한 친절과 관용의 리더십을 거의 경험해 본 적도, 배운 적도 없기 때문입니다.

큰 힘을 휘두를 수 있었던 리더의 자리가 몇 년 새 한없이 취약해졌습니다. 저는 지금이 바로 새로운 리더십이 필요한 시점이라고 생각합니다. 그 새로운 리더십의 본질은 '심리적 안전감을 주는' 리더십 입니다.

저는 1년에 최소 수천 명의 리더들을 만납니다. 그 중 백여 명은 코칭을 통해 반복적으로 깊게 만납니다. 이들에게서 읽히는 것은 '불안감'입니다. 저는 그 불안을 조직에 전파하지 않고, 오히려 조직원들의 불안감을 흡수할 수 있는 리더가 되도록 인도합니다. 이 책은 그런 저의 경험을 담아 썼습니다.

기본적으로는 지금 우리 사회의 리더들에게 필요한 심리적 안전감에 관해서 2020년 2월 초에 강의한 내용을 풀었고, 우리의 불안한 상황을 인지적으로 이해하고, 사람들의 불안이 얼마나 조직에 영향을 미치는지에 대해 이해를 돕고자 다양한 사례를 덧붙였습니다.

나와 다른 사람들의 불안을 흡수하는 리더상도 제시합니다. 최근들어 주목받는 나영석 피디, 봉준호 감독, 박항서 감독은 모두 심리적 안전감을 주는 리더들입니다. 그들의 행동에서 증명된, 그리고 연구로 검증한 구체적인 방법론이 이 시대를 사는 리더들에게 도움이 될 것입니다.

저는 코칭을 하는 사람입니다. 솔루션을 제공하고, 1~2주 후에 그 솔루션이 어떻게 작용하고 있는지 매번 확인하죠. 이 책에 담긴 솔루션들은 각 리더들의 검증과 시행착오를 거친, 이 시대에 꼭 필요한 것들입니다.

2020년 5월

김현정

| 차례 |

CHAPTER 1

고성과자는 훌륭한 리더가 될까

안녕하세요? 반갑습니다.

심리적 안전감Psychological Safety이란 무엇인가에 대해 강의할 김현정이라고 합니다.

저는 상담 심리학을 공부했고, 삼성전자 등의 기업에서도 일했어요. 그리고 나서 코칭을 시작했습니다. 상담, 코칭, 컨설팅을 본격적으로 시작하면서 더 잘해보고 싶어서 미국에 가서 박사 학위를 받았어요. 지금은 겸임으로 숭실대에서 혁신코칭 컨설팅학과 석사과정을 운영 하는 주임교수로 있고, ecs라는 회사를 운영하면서 코치 양성하는 일도 하고 있습니다.

저는 강의도 하지만 코칭을 주로 많이 합니다. 기업 코칭을 하려면 리더와 조직의 구성원들을 적게는 몇 번, 많게는 몇 십 번씩 만나게 됩니다. "이렇게 한 번 해 보세요." 제안했을 때, 어떻게 적용을 하는지, 적용을 하면 어떤 결과가 있는지, 그걸 하면서 어떤 시행착오를 겪었는지 늘 경험하게 됩니다. 그래서 제 강의에는 생생한 실제 이야기들이 많이 등장합니다.

지금부터 다룰 '심리적 안전감'도 그래요. 심리적 안전감에 대한 책은 이미 많이 있죠.《두려움 없는 조직》이나,《최고의 팀은 무엇이 다른가》같은 책에서 이미 많이 들어보셨을 겁니다. 그런데 거기서 나오는 주요 개념들이 우리나라의 조직에서 어떻게 실행될 수 있는지 제가 현업에서 겪은 것들을 위주로 말씀드리려고 합니다.

강의를 시작하기 전에, 먼저 이 사진을 봐 주시겠어요?

앞으로 이야기할 내용과도 연관이 있어서 제 사진을 띄웠습니다. 웃는 분이 많이 계시네요. 제 지인들도 다들 비슷한 반응을 보입니다.

사실 정말 노력해서 찍은 사진이에요. 사진작가 선생님까지 섭외해서 3시간 동안 2천 장도 넘게 찍었으니까요. 3시간 투자해서 이런 멋진 컷이 두어 장 나왔어요.

사진을 찍을 때 얘기를 잠시 해볼게요. 난생 처음 프로필을 찍는다고 옷도, 화장도 신경 써서 준비했어요. 포즈도 연습하고요. 그리고 한껏 긴장한 상태로 카메라 앞에 섰습니다. 그런데 사진 촬영이라는 게 만만치 않은 일이더라고요. 한 시간, 두 시간이 지나니 표정은 내 마음대로 되지도 않고, 신경 써서 준비한 옷들도 다 입었어요. 이제 평소에 자주 입던 옷 밖에 안 남고, 얼굴 근육도 얼얼하더라고요. 딱 집에 가고 싶은 심정이었어요.

그런데 작가님이 "잘하고 계세요. 거의 다 왔으니까 조금만 더 해봅시다."하시는 거예요. 어차피 시작한 거 끝은 맺어야겠다는 마음으로, 인심 쓰듯이 사진을 찍었는데 나중에 보니 최종 선택된 사진들이 모두 그때 찍은 것들이더라고요.

그걸 보면서 제가 새삼 깨달은 게 있어요. '아, 뭐든지 힘 빼는 게 중요하구나.'

잘하려고, 뭔가 너무 열심히 하려다 보면 오히려 더 좋지 않은 결과가 나오는 것 같아요.

높은 성과는
리더의 필수 조건일까?

오히려 힘을 빼면 성과가 나는 그런 것이 있죠. 리더십도 마찬가진 것 같아요.

우리나라 대부분의 리더들은 힘이 과하게 들어가 있어요. 그래서인지 리더가 뭔가를 잘해보려고 하면 그때부터 조직이 삐걱거리기 시작해요. 저는 조직이 더 잘 운영되도록 상담을 하고 코칭을 하는 사람인데요, 문제가 있는 조직에 가 보면 가장 큰 문제가 그거예요. 리더가 너무 잘하려고 애쓰는 것.

'내가 직원들을 괴롭혀야지.'하는 마음을 가진 리더는 거의 없어요. 그런데 힘을 잘못된 방향으로 쏟는 거예요. 마치 일출을 보자고 서쪽으로 전속력으로 달려가는 것처럼요. 해 뜨는 걸 보려고 서쪽으로 뛰면 어떻게 되죠? 해를 못 보죠. 그런데 동쪽으로 돌아서기만 해도 시간이 되면 해는 떠요. 그렇게 온 힘을 다해 달리지 않아도 됩니다.

'쉽게 리더십을 발휘하는 방법이 있을까?' 많은 리더들이 이 질문의 답을 찾아 헤맵니다. 지금부터 그 답을 찾아보죠.

일반적으로 돈이 많거나 사회적으로 높은 위치에 있는 사람들을 가리켜 '잘사는 사람', '성공한 사람'이라고 말하죠. 그런데 좋은 리더는 그런 사람들과는 조금 다른 결을 가지고 있습니다. 그러면 '일 잘하는 사람'과 '좋은 리더'는 같은 특성을 가질까요? 고성과자는 훌륭한 리더가 될 수 있을까요?

우리나라에서는 고성과자를 리더의 자리에 올립니다. 훌륭한 개인이 리더가 되는 것이죠. 이때 그 사람의 능력만 평가하지 리더십을 평가하지는 않아요. 영업 성과가 높은 사람은 영업팀의 리더가 되고, 좋은 기획 아이디어를 냈던 사람은 기획팀의 리더가 됩니다.

여기에 어떤 오류가 있을까요? 예시를 들어볼게요.

차범근 선수를 모르는 분은 없을 거예요. 그의 선수 시절은 어땠죠? 엄청난 고성과자였죠. 지금은 손흥민 선수가 있지만 그 전까지는 해외에서 활동했던 우리나라 선수 중 최고였습니다. 지금도 독일에서는 '전설'로 불린다고 해요. 그런데 감독으로선 어땠죠? 1998년 월드컵 중간에 경질되어 쫓겨납니다.

2002년 월드컵 때 우리나라 축구 대표팀을 이끌었던 거스 히딩크 감독은 어떤가요? 선수로서는 그저 그랬어요. 네덜란드 중간 정도 리그에서 뛰는 중간 정도 능력의 선수. 그저 그런 보통의 선수였다고 해요. 그런데, 리더로서는 어떤가요? 세계적인 명장이죠.

그러면 고성과자는 좋은 리더가 못 되고, 보통의 선수들이 좋은 리더가 되는 걸까요? 물론 반대 경우도 있습니다.

디디에 데샹Didier Claude Deschamps이라는 선수이자 감독이 있어요. 이 사람은 1998년에 프랑스가 월드컵에서 우승할 때 주장으로 뛰었습니다. 그런데 그가 20년 후 또 다시 월드컵에서 활약하게 됩니다. 2018년 러시아 월드컵 때 프랑스가 20년 만에 우승을 했죠. 그때 프랑스 팀의 감독이 바로 디디에 데샹이었습니다. 선수로서도 최고, 감독으로서도 최고. 정말 멋진 사람이에요.

훌륭한 개인으로서의 역량과 좋은 리더의 역량은 다릅니다. 그렇기 때문에 리더가 된 뒤에도 내가 여태까지 해왔던 방식으로 계속 일한다면 성과가 나지 않을 수 있죠.

축구가 일반 조직에도 시사점을 줄까요? 축구나 야구 등 스포츠에서도 리더십에 대한 연구를 많이 해요. 이쪽에서도 훌륭한 선수들이 다 훌륭한 리더나 감독이 되지는 않거든요. 그래서 '리더의 어떤 면이 성과를 만드는가?' 같은 연구들이 많이 진행되었어요.

결과를 보면 기업 조직에서 나오는 연구 결과들과 꽤 유사한 것들이 많아 재미있습니다. 미국 메이저리그에서 진행된 연구 중에 '훌륭한 리더라고 인식된 사람이 이끄는 팀은 성적이 좋다.'는 결과가 있었어요. 그러니까 선수들이 '우리 감독님은 훌륭해.' 라고 인식을 하게 되면, 좋은 성과가 나온다는 것이죠. 실제로 이 사람이 좋은 사람이냐, 좋은 리더냐와는 별개로 인식이 좋은 리더를 만든다는 말입니다.

리더의 역할은
무엇인가?

또 하나의 논점은 '리더십이 정말 성과에 직접적인 영향을 미칠까?' 하는 것입니다. 극단적으로는 '훌륭한 개인들을 모아놓으면 좋은 성과가 나오는 거지, 여기에 리더십이 굳이 필요하냐?'고 묻는 분들도 있습니다.

언뜻 생각하면 맞는 말처럼 들리기도 합니다. 뒤에서 다시 한 번 말씀 드리겠지만, 변화가 심한 시대일수록 리더의 역할이 중요합니다. 1990년대 이후로 기업의 리더들에게 지불하는 보상, 연봉 등이 상상을 초월할 정도로 굉장히 높아지고 있어요. 과보상을 하는게 아닐까 싶을 정도입니다. 그런데 이윤에 밝은 기업들이 왜 리더들에게 그렇게 많은 돈을 줄까요? 그만큼 책임을 지우는 겁니다.

예를 들면 '신종 코로나 바이러스' 같은 상황이 그래요. 전 세계에 바이러스가 퍼졌습니다. 나라 간 교류가 거의 끊기다시피 했고, 국민들이 모두 생업을 중단하고 집 안에만 머물러야하는 상황이 됐죠. 학교도 못 가고 기업도 일을 멈춘 곳이 많아요.

이런 어려운 상황이 닥치면, 리더는 여기서 어떻게 의사결정을 내릴까요? 과거 자료를 찾아보면 답을 얻을 수 있나요? 과거에 메르스 때는 어떻게 했었고, 사스 때는 어떻게 했었고. 또 전문가의 의견은 이렇고. 모든 것을 참고할 수는 있겠죠. 그런데 문제는 그때와 지금이 다르다는 겁니다. 감염 경로부터 치료 방법, 예방 방법까지 하나도 알려진 게 없거든요.

여기서 판단을 하고, 방향을 결정하는 것은 누구일까요? 결국 이 모든 것이 리더의 몫이라는 겁니다. 그리고 그 결정에 대한 책임은 누가 지나요? 리더가 져요. 그래서 사람들이 더 간절히 더 훌륭한 리더를 바라는 것입니다.

사실 1980년대, 1970년대 같이 세상이 천천히 바뀌고, 그래서 어느 정도 변화가 예측 가능했던 시절에는 리더에 대한 의존성이 그렇게 높지 않았어요. 그러나 지금은 다릅니다. 1990년대부터 세계는 격변했거든요. 소니sony, 토요타toyota 같은 일본 기업이 미국 시장에 진출해 활약하기 시작하면서 세계 시장이 혼조를 벌이다가, 1990년대 중반에 중국이 비즈니스 세계에 등장하면서 세계의 공장으로 떠올랐죠. 그때부터 굉장히 많은 변화가 일어났습니다. 글로벌라이제이션glocalization, 즉 세계화와 지역화가 동시에 이루어지면서 사람과 물류가 엄청나게 오가고, 모든 것이 예측 불가능한 시대가 온 거예요. 이런 배경 때문에 비지니스 세계에서 리더의 역할이 더 중요해지고 있습니다.

코로나 바이러스가 한창 확산되던 시기에, 대한항공의 조원태 회장이 비행기를 타고 중국 우한에 갔어요. 리더의 희생정신이라면서 박수친 분들도 많다고 들었어요. 그런데 저는 개인적으로 조 회장의 행동을 이해할 수 없었습니다. 한 나라를 대표하는 기업의 총수가 바이러스에 감염될 수도 있는 상황이거든요.

대한항공은 전 리더를 잃은 지 얼마 되지 않았어요. 그런데 새로 리더의 자리에 오른 이 사람이 폐렴이라도 걸려서 장기 입원을 한다거나, 만의 하나 죽는다거나 하면 기업은 또 다시 위험에 노출되거든요. 뿐만 아닙니다. 우한에 갔다가 코로나 바이러스에 감염된다면, 우리나라 사람들만이 아니라 전 세계 사람들이 다 패닉이 될 겁니다. 그러면 항공 산업 전체에 위협이 돼요. '비행기에서 바이러스가 전염될 수 있구나.'라는 인식이 생길 테니까요. 이것은 리더가 자신의 영향력에 대한 인식 없이 한 행동이라고밖에 볼 수 없습니다.

기업 내에서 입지를 강화하고, 더 강력한 리더십을 발휘하기 위해 한 행동이라고요? 그런 하찮은 싸움에 목숨을 걸기에는, 리더는 너무 중요한 자리예요. 자, 이렇게 생각해보죠.

비행기 타면 위급 시 행동 요령이 나옵니다. 비행기가 추락해서 마스크와 구명조끼가 나오면 건강한 성인 먼저 쓰고, 옆에 있는 아이나 노약자를 도우라고 하잖아요. 자식이 나보다 덜 중요해서 내가 먼저 구명 조끼를 입나요? 아니에요. 일단 내가 살아야, 타인도 돕죠.

리더십과
심리적 안전감

여기서 다시 한 번 질문하게 됩니다. "어떤 리더가 좋은 리더인가?"

시대와 상황이 바뀌면서 리더에게 필요한 덕목도 조금씩 바뀝니다. 지금처럼 산업의 형태가 바뀌고 변화가 극심하게 많은, 예측 불가능한 시대에는 사람들의 불안을 흡수하는 리더십이 정말 중요해요. 구글에서도 하버드 경영대학원에서도 성공하는 팀의 조건으로 가장 먼저 이것을 꼽습니다. 말하자면 2020년대에 리더십 분야에서 가장 뜨거운 주제죠. 바로 '심리적 안전감'입니다.

심리적 안전감이라는 것은 말 그대로입니다. 심리적으로 안전감을 가지는 거예요. 몸의 안전과 심리적 안전은 다릅니다. 내가 아주 높은 곳에 보호대도 없이 서 있다. 그러면 몸이 안전하지 않을 수 있죠. 그러면 심리적으로도 안전하지 않아요.

몸은 안전해도 심리적으로 안전하지 않은 경우가 있어요. 상사가 언제 나에게 와서 버럭 소리를 지르며 나를 비난할지 모른다고 생각하면 심리적으로 늘 불안하겠죠.

반면에 '내가 나쁜 의도를 가지고 악한 행동을 하지 않는 한 그런 버럭과 비난은 없을 거다.'라는 믿음이 있으면 마음이 편안해요. '업무상 잘못을 했더라도 상사의 피드백을 받고 고치면 그만이지.'라는 생각을 하면 심리적으로 안전감을 느끼며 일할 수 있어요. 아침에 회사 갈 때 가슴이 울렁거리고 그러지도 않겠죠.

어떻습니까, 당신은 심리적 안전감을 주는 리더인가요? 지금부터 좀 더 자세히 이야기해보죠.

실패해도 비난받지 않는다는 믿음이 회사를 살리다

IT 제조업체인 A사는 새 주인을 맞았다. 한때 대기업 출신의 창업주가 영업력을 발휘해 회사를 연 매출 800억 원 수준까지 끌어올린 적도 있었던 이 회사는 경영 실패와 사업 확장 실패로 결국 워크아웃에 들어갔다. 이후 1년 반에 걸쳐 3~4번의 인수합병 기회가 왔지만 대부분 무산됐다. 이 과정에서 많은 우수 직원이 퇴사했고 조직의 분위기는 침체됐다. 게다가 제왕적 리더십을 겪어온 부하직원들은 극도로 방어적인 태도를 보여 회사의 회생 가능성에 대해서도 회의적이었다. 그러나 새 주인인 김 사장이 인수팀과 함께 부임한 이후 회사는 달라졌다. 인수 당시 A사는 종업원 90여 명, 연 매출 200억 원 정도였다. 그는 취임 일성으로 회사 회생 의지를 강력히 피력했다. 김 사장 부임 후 임원 팀코칭을 진행했고 김 사장도 늘 배석해 활발히 참여했다. 인수 프로세스를 마무리한 다음 해 이 회사는 576억 원의 매출을 올렸다.

지난해 구글은 고성과 팀에 대한 심도 깊은 연구 결과를 발표했다. 구글이 연구한 고성과 조직의 가장 큰 특징은 바로 '심리적 안전감'이 높다는 것이었다. 심리적 안전감이란, '실수나 실패를 하더라도 비난 받지 않을 것이라는 믿음'을 뜻한다. 이 이야기를 하면 리더들은 의아해한다. 대부분의 리더는 잘못을 했으면 야단을 치는 게 당연한 것이라고 믿고 있기 때문이다.

이런 의식에는 몇 가지 가정이 깔려 있다. 실수나 실패가 고의나 무지의 결과라고 보는 것이다. 만약 실패가 무지의 결과라면 비난할 필요가 없다. 가르치면 되기 때문이다.

왜 잘 가르치지도 않고 능력 이상의 일을 맡겼는가? 리더가 그 사람을 잘못 파악했기 때문이다. 부하 직원이 아니라 직원의 능력을 잘 파악하지 못했던 리더가 먼저 반성해야 한다.

고의로 실패를 만든 사람에게도 비난은 역시 아무런 효과가 없다. 일부러 일이 잘못되도록 했다는 것인데 애초에 나쁜 마음을 먹고 있는 사람은 야단을 친다고 해서 잘못을 뉘우치거나 행동을 고치지 않는다. 오히려 화를 내고 당황하는 리더의 모습은 그 사람에게 보상이 된다.

단순한 실수 때문에 문제가 생긴 것일 수도 있다. 이럴 때는 실수를 한 사람도 놀라고 당황할 것이다. 대부분은 실패했다는 사실만 깨달으면 개선할 수 있으므로 괜히 비난해서 더 기분을 상하게 할 필요가 없다. 본인의 잘못을 알고 있는데 상사가 비난을 하면 그 비난 때문에 마음이 상해 좌절감이나 반발심만 생긴다.

즉, 어떤 경우든 실패에 대한 비난과 꾸중은 행동 개선에 도움이 되지 않는다.

만일 스스로 열심히 일하는 과정에서 실패를 경험했다고 치자. 이 실패를 상사가 비난하지 않는다면 어떤 마음이 들까?

"어떻게 이 실패를 만회할 것인가?"에 초점을 맞추고 실패를 최소화하거나 훗날에 도움이 되는 방향으로 의사결정과 행동을 할 것이다. 손실을 최소화하기 위해 자신의 잘못을 인정하고 최대한 빨리 움직이려 할 확률이 높아진다.

사람들은 잘못을 저질렀을 때 야단을 맞을 것이라 예상한다. 그런데 비난이 없다면 어떨까? 사실 그 순간이 리더에게는 기회다. 실패를 경험하고 낙담해 있는 직원에게 리더가 위로나 격려를 하면 구성원의 충성심은 크게 높아진다. 그리고 심리적 안전감도 생긴다. 즉, 다음에 실수나 실패를 하더라도 비난받지 않을 것이라는 기대가 생긴다. 물론 부도덕한 행위는 예외다. 이에 대해서는 단호한 대처가 필요하다.

내가 리더십 코칭을 진행했던 A사는 하이테크 회사로 늘 새로운 기술을 개발하고 이를 판매해야 한다. 과거 제왕적 리더십과 과도한 비난의 조직 문화를 갖고 있던 터라 어떤 직원도 혁신적 시도를 하려고 하지 않았다. 대부분은 안전한 범위에서 별의미 없는 것을 바꾸고 새롭다는 인상만 주면 된다고 생각했다.

그러나 신임 리더로 부임한 김 사장은 새로운 시도에 열린 자세를 보여줬다. 그는 "애플도 자체 개발한 수많은 기술을 파기해 가며 결국 한 가지에 집중했고, 삼성전자는 수십여 종의 핸드폰을 생산하지만 결국 회사를 먹여 살리는 기종은 소수에 불과하다."며 부하직원을 설득했다. 100개를 개발해야 그중 하나가 터지고, 그것이 회사를 먹여 살릴 것이란 주장이었다.

그는 강압적인 모습 대신 "소개팅을 자꾸 나가야 연결이 되든 말든 할 거 아니에요."라거나 "새로운 걸 시도하면 재미있지 않아요?"와 같은 장난스러운 말투로 직원들에게 다가갔다. 또 비난을 자제함으로써 새로운 시도를 북돋웠다.

사실 잘 들여다보면 작은 실수 때문에 큰 실패를 하는 경우는 별로 없다. 실패를 두려워하지 않게 되면 조직의 긴장도가 낮아질 거라 생각하지만 실수나 실패를 자주 하고 싶어 하는 사람은 없다. 오히려 실패를 두려워하지 않는 조직에서 큰 성공이 잉태된다.

리더와 조직의 구성원들이 심리적 안전감을 가짐으로써 조직의 체질이 변화하기 시작했다. 그 뒤에는 구체적인 코칭이 이어졌다. 리더는 직원들에게 높은 비전을 제시했고, 조직 구성원들은 같은 비전을 공유하면서 더 큰 꿈과 목표를 가질 수 있었다. 또 임원들에 대한 대우를 획기적으로 개선하고, 직원 각자의 자율성을 보장했으며, 팀 유대감을 높이기 위해 리더와 조직 구성원들 간의 스킨십을 늘리는 등 다방면으로 노력을 기울이면서 '고성과 조직'으로 거듭날 수 있었다.

이 글은 저자가 〈동아 비즈니스리뷰〉 262호(2018년 12월 발행)에 기고한 칼럼을 재구성한 것입니다.

CHAPTER 2

뷰카VUCA의 시대

왜 지금 직장에서 '심리적 안전감'이라는 개념이 주목받는 걸까요?

많은 학자들이 지금을 '뷰카VUCA의 시대'라고 말해요. VUCA란, Volatility(변덕스러운), Uncertainty(불확실한), Complexity(복잡한), Ambiguouty(애매모호한)이라는 4개 단어의 앞자를 딴 용어입니다.

'변덕스럽다'는 것은 변화가 너무 잦고 빠르다는 거죠. 모두 느끼시죠? 예측 불가능한 시대라는 것 말이에요. '코로나 19'라는 신종 바이러스 때문에 공포심이 세계를 집어삼키고 있어요. 그런데 우리는 이 바이러스를 몰라요. 어떻게 전염이 되는지, 어떻게 우리를 망가뜨리는지 모릅니다. 치료제도 없고, 백신도 없어요. 그런데 변종이 생기면 어쩌죠? 다시 처음부터 시작해야 해요.

'스페인 독감'은 2차 발발 때 더 많은 사람이 죽었다고 하죠. 몇 년 전 우리를 공포에 떨게 했던 '메르스'는 바이러스가 사라진 줄 알았더니 종식은 아니라고 하네요. 이렇게 예상치 못한 일들이 마구 일어나면서 우리 삶에, 경제에 어떤 영향을 얼마나 끼칠지, 그 누구도 예측할 수가 없게 되었습니다.

갑자기 우리 건물에 있는 어떤 회사에서 확진자가 나왔다고 하면, 출근 준비하다가 갑자기 재택근무를 해야 돼요. 우리 집은 원룸이고 책상도 없는데, 식탁 의자에 앉아서 종일 일을 해야 하는 거예요. 그렇게 준비가 되어 있지 않지만 해야 하는 일들이 많아져요.

또 사람들은 사지 않던 물건을 사기 시작해요. 마스크나 손소독제 같은 위생용품을 사 모으죠. 버스나 지하철에서 누가 재채기라도 하면 다 째려봐요. 기침만 했을 뿐인데, 마치 살인자 쳐다보듯 하죠. 기침을 한 사람도 억울하고 괴롭지만, 더 큰 문제는 우리가 이렇게 생명의 위협을 느끼면서 사는 것입니다.

세계 경제도 그렇죠. 바이러스로 인해 경색된 경제를 살리기 위해 각국의 행정부가 국민들에게 돈을 지급하고 있어요. 그 돈은 어디로 갈까요? 목표했던 대로 경기는 살아날까요?

또 이런 상황에서는 '혐오' 감정이 팽배해집니다. 벌써 유럽에서는 아시아 사람들을 향한 혐오 폭력 등이 일어나기 시작했어요.

나아가 각 국가의 보호주의가 자연스럽게 드러날 거예요.

저 뿐만 아니라 많은 전문가들이 이런 변화들이 일어날 거라고 예측합니다. 이 모든 일이 실제로 다 일어날까요? 그렇다고 확신할 수 있는 사람은 없어요.

주식 시장에 이런 말이 있어요. '나쁜 일보다 더 안 좋은 것이 불확실성이다.' 기업에 부정적인 이슈이더라도 실현이 되면 주가가 올라가요. 그런데 확실한 것 하나 없이 소문만 무성하면 주가가 뚝뚝 떨어지죠. 지금 우리는 '악재' 플러스 '불확실성'으로 가득한 세상에서 살고 있어요.

그런데 이게 갑자기 튀어나온 말이 아니더라고요. 2019년에 하버드 대학 코칭 컨퍼런스에 갔더니 '불확실성'이 화두였어요. 구글과 페이스북의 유능한 헤드 코치들은 이것이 가속화되고, 내재화될 거라고 예측했습니다. 그런 세상에서 리더들이 고개를 들어 세상이 어떻게 돌아가고 있는지 볼 수 있도록 돕는 코치의 역할이 더 중요해진다고 해요.

변덕스럽고, 불확실하고, 모호한 시대의 비즈니스는 어떨까요? 지금까지 경험한 적 없는 위기가 수시로 닥칠 거예요. 그럴수록 리더들은 자기 일에 매몰되겠죠. 자기 일에 매몰된 리더들을 깨워 이 세상이 얼마나 어떻게 변화하고 있는지 알려주는 게 코치의 정말 중요한 일이래요. 일에 매몰되어 있는 리더들은 변화를 아예 느끼지 못하는 경우가 많아서, 변화를 알고자 하는 니즈조차 없을 수 있다고 해요. 변화에 적응하지 못하면 글로벌 기업들도 하루아침에 사라지는 시대예요. 야후Yahoo, 모토로라Motorola, 노키아Nokia 같은 큰 회사들도 변화에 적응하지 못해 한순간에 무너졌습니다.

비즈니스 현장에서 일어나는 '예측 불가능한' 변화의 예시 몇 개를 들어볼게요.

비즈니스 환경은
더욱 빠르고, 변덕스럽고, 불확실하게 변한다

제가 얼마 전에 영국 출장을 다녀왔습니다. 영국 공항에 갔는데, 항공사 데스크에 직원이 거의 없어요. 다 온라인으로 체크인을 하고, 짐도 스스로 부쳐요. 비행기 타기 24시간 전에 온라인으로 체크인을 할 수 있는데, 원하는 자리에 앉고 싶으면 사람들이 빨리 온라인으로 체크인을 하겠죠? 이미 공항에 가면 좋은 자리는 다 차 있어요. 어떤 경우에는 일행과 같이 앉을 수도 없더라고요. 입국장에 들어갈 때도 기계에 여권을 대고, 카메라로 얼굴 인식을 하고 나가요. 사람 볼 일이 없어요. 입출국 체크할 때만 사람이 있고, 비행기 탈 때도 역시 탑승권만 바코드로 찍고 들어가요. 비행기 한 대가 사람 몇백 명을 실어 나르는데 직원은 겨우 두세 명 볼 수 있어요. 이들이 대면 서비스를 하는 것도 아니에요. 단지 문제 있으면 도와주려고 서성이는 거죠. 셀프서비스를 이용할 줄 모르는 사람은 비행기도 못 타나, 싶은 생각이 들 정도로 완전히 바뀌었어요.

이런 변화는 빠르기도 하지만 변덕스러워요. 지금은 모두 자동화되는 추세이지만 그러다가 또 어떻게 바뀔지 알 수가 없어요. 그리고 굉장히 불확실합니다. 변화가 대체 언제, 어떻게 올지 알 수가 없어요.

그런데 결과론적으로 보면 영국 공항 사람들은 선제적으로 대처한 거예요. 비대면 서비스에 맞춰 이미 인력 구조 조정을 마친 셈이니까요.

여러분, '4차 산업혁명'이 무엇인지 한마디로 정의하실 수 있나요? 아니, 질문을 바꿔보죠. 4차 산업혁명의 실체가 있나요? 3~4년 전부터 '4차 산업혁명 시대가 온다'고 계속 떠들었잖아요. 그런데 지금은 그 단어가 이미 옛날 이야기처럼 느껴지죠.

요즘은 '디지털 트랜스포메이션'이 화두예요. 도대체 그건 뭐야? 제대로 아는 사람이 없어요. 올해 모 언론사에서 디지털 트랜스포메이션을 주제로 포럼을 열었어요. 저는 다른 일정이 있어서 못 가고, 저희 직원이 갔거든요. 좋은 정보가 있었냐고 물어보니 "말은 많은데 뭔지 잘 모르겠다."는 거예요. 여전히 나이 지긋한 교수님들, 연구자들이 나와서 옛날에 하던 이야기를 계속 했대요. 이 분들이 디지털 트랜스포메이션에 대해 잘 알까요? 저는 그렇지 않을 거라고 확신해요.

뷰카의 시대에는 이렇게 실체가 없고 말만 많은 경우가 많아요. 비즈니스 현장에서도 애매모호한 개념이 난무합니다. 이런 상황에서 사람들은 어떤 감정을 느낄까요? 맞아요. 굉장히 불안해지죠.

'불안'을 유발하는
요소들

최근 5년간 심리학자들 사이에서 가장 많이 연구된 감정이 '불안'입니다.

심리학을 공부하는 사람들은 치료를 하거나 대안을 제시해야 하기 때문에, 사람들이 느끼는 '불편한 감정'에 대해 늘 관심이 많아요. 때론 그 감정을 통해 사회적인 문제도 파악할 수 있죠. 심리학자를 찾는 사람들 사이에서 지금 가장 많이 이야기되는 감정이 바로 '불안'이라고 해요.

여러분은 어떠세요? 불안을 느끼십니까?

사실 인간은 원래 불안하거든요. 연구에 의하면 인간은 일상생활의 70%에서 부정적인 감정을 느낀다고 해요. 그런데 세상이 이렇게 불안정하면 부정적인 감정은 확 증폭됩니다. 요즘은 문자메시지만 와도 깜짝 놀라요. '또 무슨 일이 일어난 게 아닐까?' 하고 말이죠.

밀레니얼 세대Millenial Generation(1980년대 초반~2000년대 초반에 태어난 세대)나 그 이하의 젊은 세대들은 더 그렇다고 해요. 그래도 리더 자리에 계신 분들은 고도 성장기나 일자리 고민은 없던 안정적인 시대에 젊은 시절 내지는 어린 시절을 보내셨잖아요. 사회생활 하면서 모아놓은 재산, 이룬 것들도 있고. 하고 싶은 것, 이미 한 것도 있고요. 하다못해 집이라도 한 칸 있으면 그 불안이 많이 낮아져요.

그런데 밀레니얼 세대는, 무엇이든 계속 바뀌는 시대를 살았습니다. 일단 입시 제도가 여러 번 바뀌었죠. 수시평가, 입학사정관

제 등이 시스템에 들어오면서 선생님도, 부모님도, 학생들도 헤매는 그런 상황을 건넜어요.

이들이 20대이던 2000년대 초반부터는 세계 경제가 불안정했어요. 9.11테러, 2008년 미국의 서브프라임 모기지 사태 등으로 세계 경제가 굉장히 나빠졌죠. 그 와중에 중국이 '세계의 공장'으로 부상하면서 각국의 돈이 중국으로 흘러들어가죠. 그 '차이나 머니China Money'가 세계 주요 도시의 부동산으로 몰립니다. 그러면서 집값이 말도 못하게 뛰어요. 우리나라도 마찬가지고요.

취업이 어려워 돈은 모으지도 못했는데, 주택 가격은 천정부지로 치솟고. 나는 무슨 일을 하며 어디에서 어떻게 일해야 하나, 현실적인 고민을 하다 보면 불안해질 수밖에 없는 겁니다.

또 요즘은 기업의 수명이 아주 짧아요. 제가 네이버의 자회사 라인Line이라는 회사 리더들을 코칭했어요. 이 회사의 윗사람들은 대부분 네이버로 입사한 분들이에요. 네이버에 다니다가 이 회사가 분사를 해서 라인 소속으로 일을 했어요. 그런데 이 회사가 지분 50%를 일본에 팔면서 경영권이 일본으로 넘어간대요. 그러면 이들은 본사가 일본에 있는 회사를 다니게 되는 거예요. 한국 기업에 입사했지만 몇 년 사이에 일본계 회사 혹은 합자 회사의 직원이 되는 거죠.

이런 일들이 자주 일어나면 어떨까요? 회사의 상황이 언제 어떻게 또 바뀔지 모르니, 오랫동안 다닐 수 있겠다는 생각이 들지 않겠죠? 1970년대에는 기업의 수명을 60년이라고 봤어요. 2010년까지만 해도 30년으로 봤고요. 지금 '포춘Fortune 500기업'들의 평균 나이가 15살입니다. 기업의 수명이 엄청나게 짧아진 거죠.

옛날에는 입사만 하면 회사에서 다 알아서 해줬어요. 때 되면 승진시키고, 알아서 월급 주고요. 그 월급만 잘 모으면 집도 사고, 차도 사고, 결혼도 하고 가정도 일궜습니다. 지금은 이런 것들을 다 해주는 그런 회사는 없어요. 그래서 회사를 다니고 있어도 불안한 거죠. 한마디로 '이 회사가 언제 어떻게 될지 알 수가 없는' 거예요. 실제로 큰 회사들이 너무 쉽게 무너지는 걸 많이 보기도 했고요.

이렇게 불안이 점점 높아지면 어떻게 될까요? 모두 예상하시듯이 우리 몸에 좋지 않은 영향을 끼쳐요. 특히 우리 뇌에 안 좋은 영향을 끼치고, 그래서 일을 해도 성과가 나지 않습니다.

이런 불안을 리더가 흡수해야 한다고 말하는 것이 바로 '심리적 안전감' 개념입니다. 불안한 상태에서는 절대로 좋은 성과가 나올 수 없거든요.

비현실적인 비전이
꼴찌 팀을 변화시키다

외국인 학교인 B고등학교 여자 2군 배구팀은 리그 최약체였다. 작년 시즌에는 단 1승도 거두지 못해 리그 최하위를 기록했다. 그런 가운데 작년 단장을 맡았던 이 양이 단짝 친구 박 양과 올해 공동 주장을 맡았다. 나는 이번 시즌 두 번째 경기를 직접 관전했는데 이 팀의 실력과 정신력 모두 바닥 상태였다. 4번 이상 랠리가 지속되는 일이 없었고 대부분의 랠리는 B고등학교의 실점으로 끝났다. 경기 결과 세트스코어 3대 0으로 B고등학교는 패했다. 모두 더블스코어 이상의 차이였다.

경기 후 긴급 리더십 코칭이 시작됐다. 이후 8경기에서 B고등학교는 6승 2패의 전적을 기록하며 전체 승률 60%로 시즌을 마감했다. 특히 리그 1위 팀과의 경기에서도 대등한 모습을 보였다. 두 달여 만에 기량은 월등히 향상됐다. 어떻게 이렇게 변화한 걸까?

나는 이 팀의 선수들에게 '패배의 원인이 무엇이라고 생각하는지' 물었다. 선수들은 패스 미스, 서브 미스, 공격 실패 등 선수 각자 치명적인 약점을 가지고 있으며, 여기에 실패까지 더해져 제대로 게임을 펼치지도 못한 채 패배를 반복한다고 답했다.

나는 이들에게 가장 먼저 '인식의 전환'을 요구했다. '한 세트를 이기기 위해서는 25점을 내야 하지만 그 과정에서 24번의 실패와 실수를 해도 된다'고 생각해보자고 말이다.

선수 각자가 가진 단점, 혹은 실수 때문에 점수를 내주더라도 잘하는 것으로 25점을 내면 이길 수 있다. 그리고 상대방도 실수를 하기 때문에 잘하지 않아도 공짜로 얻는 점수들이 있으니 자신들이 잘하는 것으로 꼭 25점까지 내지 못하더라도 승리를 만들어 낼 수 있다는 생각에 이르렀다. 생각을 바꾸니 매우 여유로워졌다. 비난과 자책으로부터 자유로워지니 실패를 두려워하지 않게 됐고 장점을 극대화하면서 몸을 날리는 멋진 플레이에 욕심을 냈다.

그 다음으로는 팀원들에게 '승리와 우승에 대해 이야기하라'고 주문했다. 이후 코칭 때마다 관점을 전환해야 한다는 조언을 했다. 처음에는 쉽지 않았다. 그래서 우선 행동부터 바꾸길 요구했다. 행동과 말을 바꾸어 신념에 변화를 꾀하는 방법을 택한 것이다. 우승에 대한 확신은 없지만 우승을 할 것처럼 이야기를 시작하면서, 선수들은 스스로를 코칭하기 시작했다.

1승도 못 해본 선수들이 승리를 넘어 우승을 이야기하다니, 아마 누가 들어도 비웃었을 것이다. 하지만 이들에게는 이런 노력이 필요했다. 그동안 선수들은 경기에서 지고 나면 자기들의 부족한 점을 더욱 많이 생각했다. 앞으로 절대 이기지 못할 것이라는 절망감에 짓눌리기도 했다. 그리고 억울한 것이 늘 많았다. 심판은 늘 편파판정을 하는 것만 같았다.

하지만 코칭을 시작하면서 학생들은 이기는 것에 대해 이야기하기 시작했다. 예를 들어 주장은 "우리가 이기면 끝나고 뭐 먹을래?"라는 말을 하는 등 자연스럽게 이기는 이야기를 했다. 그렇게 이미 자축 계획을 세워놓고 훈련에 임했다.

또 자신이 멋진 플레이를 성공시키는 것, 꼴찌 팀의 반란을 상상했다. 월드컵에서 우리나라가 독일을 이긴 사례들은 그들의 기분 좋은 상상에 힘을 보탰다. 실제로 1승씩을 더해가자 이 팀은 드디어 우승을 드러내놓고 꿈꾸기 시작했고, 자연스럽게 "우리 팀의 목표는 우승이야!"라고 이야기했다. 3연승을 올리자 이제는 그들을 비웃기보다 응원하는 소리가 더욱 커졌다.

비전은 할 수 있을 만한 사람에게 할 수 있을 만한 목표를 제시하는 게 아니다. 비전은 오히려 너무 크고 아름다워서 감히 해낼 수 있을까 하는 목표여야 한다.

1990년대 중반 삼성전자의 비전은 '글로벌 시장에서 초일류 달성'이었다. 국내에서도 이류를 갓 벗어난 회사가 세계 초일류를 꿈꾸는 게 무모해 보일 수도 있었다. 그러나 결국 해냈다. 히딩크 감독의 2002년 월드컵 대표팀도, 박항서 감독의 베트남

축구 대표팀도 그랬다. 비현실적인 비전도 현실이 될 수 있다.

배구팀은 자신들이 늘 이기는 팀처럼 의기양양한 기운을 만들어냈다. 그들은 패배감이 아니라 승리에 도취된 선수들처럼 훈련을 했다. '파워 포즈(파워 있는 사람의 포즈나 승리를 했을 때 하는 포즈)'를 취하기도 했다. 훈련할 때 음악도 바꿨다. 자기도취에 빠져서 부르는 신나는 음악들을 주로 들으며 연습했다. 그리고 점차 훈련 강도를 높였다. 마치 쟁쟁한 팀들을 대상으로 우승을 노리는 국가대표 팀처럼 말이다. 그리고 훈련에 재미 요소를 더했다. 매일 지기만 하는 팀이 무슨 재미 타령이냐고 할지 모르겠다. 그들은 10대 소녀들에게 가장 어울리는 모습으로 즐거운 시간을 보냈다. 재미가 있어야 많이 하고, 열심히 하고, 그러다가 잘하게 된다.

배구팀의 중대 전환은 코치 선생님이 일주일간 1군 선수들을 원정 지도하기 위해 자리를 비운 기간이었다. 달콤한 휴가를 즐길 수도 있었지만 선수들은 기존보다 더욱 강화된 훈련을 실시했다. 코치 선생님의 지도가 아니라 학생들 스스로 평소보다 두 배 높은 강도의 훈련을 계획하고 서로를 격려하며 자신들의 한계를 뛰어넘으려 노력했다.

배구 팀은 이렇게 코칭을 통해 '자기효능감'을 높였다. 계속되는 실패로 의기소침해 있던 선수들은 할 수 있다는 믿음이 커져 결국 목표에 가까워지는 좋은 결과를 얻을 수 있었다.

많은 리더들이 '실패를 두려워하지 않는 도전 정신'을 말한다. 그러나 실제로는 실패를 두려워하도록 만드는 경우가 많다. 조직에서 개인에게 아무런 기대를 하지 않을 때 개인은 자신감을 잃게 되고, 깊은 실패의 늪에 빠지고 만다.

물론 리더십의 변화는 쉽지 않은 과제다. 부하 직원이 못 미더워도 믿어야 하고, 비전에 대해서 리더가 스스로 확신이 없어도 확신에 찬 듯 행동해야 하며, 실수나 실패에 관대해지고 인내심을 가져야 한다. 이 과정에서 코칭 기술이 매우 유용하게 활용될 수 있다. 코치는 생각하는 방식을 바꾸는 구체적인 방법들에 대한 조언을 해줄 수 있다. 생각을 바꾸면 역량이나 기술 향상은 아주 쉽게 이뤄진다.

이 글은 저자가 〈동아 비즈니스리뷰〉 262호(2018년 12월 발행)에 기고한 칼럼을 재구성한 것입니다.

CHAPTER 3

인지적 이해를 통한 선대처

먼저 '불안'이라는 감정에 대해 생각해봅시다.

사람들은 언제 두려움을 느낄까요? 여러분들이 이 방에 들어왔을 때 불이 꺼져 있어서 캄캄해요. 그러면 어떨까요? 두렵겠죠?

사람들은 언노운Unknown 상황 즉, 잘 모르는 상황에 처했을 때 가장 큰 두려움을 느낍니다.

저도 강의 장소가 이곳으로 바뀌면서 오는 내내 불안했어요. 규모가 어떤지, 음향 시설과 영상 시설은 잘 되어 있는지 알 수 없으니까요. 그런데 익숙한 장소에서 강의를 하는 날은 그런 게 없죠. 불안감이 낮아지면 다른 것도 시도해볼 수 있어요. 새로운 강의 기법을 사용해보거나, 그동안 했던 것과 다른 강의 교안을 선보일 수도 있죠.

비즈니스에서는 안정적인 상황보다 '어떤 일이 일어날지 모르는' 불안한 상황이 훨씬 더 많죠. 지금부터는 불안을 다스리기 위해 우리가 할 수 있는 두 가지 일에 대해 이야기하겠습니다.

알고 나면 불안하지 않다,
'인지적인 이해'

불안을 다스리기 위해서는 우선 '인지적인 이해'를 해야 해요.

도대체 이 방 안에는 뭐가 있는지, 알면 불안감이 덜하죠. 캄캄한 방에 들어오기 전에 누군가에게 "이 방에 들어가면 왼쪽에 칠판이 있고, 다섯 걸음 정도 앞으로 가면 책상이 다섯 개 있어. 방은 대략 30평정도야."라는 설명을 들었다면, 앞이 보이지 않더라도 좀 안정이 될 거예요. 그러다가 눈이 어둠에 적응이 되면, 희미하게 방 안의 풍경이 보이기도 합니다. 이렇게 인지적인 이해가 있으면 불안감이 덜해집니다.

"세상이 이렇게 빨리 변하는데 어떻게 따라가?"라면서 알려는 노력조차 하지 않으면 도태돼요. 비즈니스 상황에서 도태된다는 건, 생존과 직접적인 영향이 있어요. 특히 요즘은 도태된 기업은 그냥 사라져버리죠. 그러니까 리더들은 변화에 대해 적극적으로 배우고, 공부해서 알려고 해야 합니다.

불안을 낮추기 위한 플랜 B를 준비하라
'선제적 대처'

인지적으로 이해한 다음엔 무엇을 해야 할까요? '선제적 대처 능력'을 갖춰야 합니다. 선제적 대처란 무엇일까요? 쉽게 말하면 '변화에 대한 사전 대응책'입니다. 지금 하는 일을 '플랜 A'라고 보면 플랜 B, 플랜 C를 생각하는 거죠. 플랜 A, B, C를 가지고 있는 것만으로도 어느 정도 선제적 대처가 됩니다.

어떤 리더 분들은 이렇게 말씀하세요. "지금 하는 일에 모든 에너지를 다 쏟아야 하는데, 안될 것부터 생각하라는 거냐?"고요. 맞습니다. 플랜 B가 없는 절체절명의 상황이라는 것이 주는 긴장 감이 분명히 있어요. 그러나 동시에 불안감도 굉장히 높죠.

군사 전략을 짤 때 생각해보세요. 최고로 안 좋은 상황을 설정해 놓고, 여러 가지 시나리오를 짜죠? 이렇게 매뉴얼이 만들어지면 그 안에서 좀 더 많은 전략을 세울 수 있어요. 자연히 공격 성공률도 높아지겠죠. 뒤에 무엇이 있을지 인지하고, 그에 대한 대응책을 몇 개 가지고 있다면, 마음 놓고 새로운 시도를 할 수 있습니다.

앞에서 대한항공의 예를 들었죠? 중국에 바이러스가 퍼지는 상황에 리더가 비행기를 타고 중국으로 가요. 그런데 만약 바이러스에 감염되면 어떻게 하나요? 이런 불확실성을 인지하고 선제적으로 대처해야 한다는 겁니다. 그래야 조직 구성원들의 불안도 낮아지겠죠.

의도적으로 위기의식을 고취했던
과거의 기업 문화

과거 정치, 경제적으로 안정된 사회에서는 의도적으로 불안을 불러일으켜 구성원들의 행동을 촉구하기도 했습니다. '위기의식을 고취한다'고 하죠? 위기의식이 고취되면 창의력이 더 높아지기도 해요. 옛날에는 기업의 리더들이 그런 것들을 엄청나게 강조했어요. 제일 대표적인 회사가 '삼성'입니다.

저는 2000년대에 삼성에서 근무했어요. 삼성은 그때부터 2020년이 된 지금까지 20년째 위기 경영이에요. 그런데 삼성에서는 이 말이 통하는 이유가 있습니다. 이미 2000년 당시에 30년 된 회사였고, 구성원뿐만 아니라 전 국민에게 '삼성은 망할 리 없는 회사'라는 생각이 있었거든요. 그래서 리더가 "우리 망할 수 있어."라고 말해도, 직원들은 그것을 '경고' 정도로만 받아들이고 좀 더 노력을 기울일 수 있었던 거예요.

그런데 바람 앞의 촛불처럼 위태로운 회사가 있어요. 이미 큰 불안을 느끼고 있는 직원들 앞에서 리더가 "우리 이번 일 해내지 못하면 망한다."라고 선포하면 어떻게 될까요? 요즘 같으면 다 그만두고 나갈 거예요.

기업이나 사회에 대한 신뢰가 있으면 위기의식 같은 것들이 효과를 낼 수 있어요. 그런데 요즘은 큰 회사들도 하루아침에 사라지는 시대예요. 무엇도 신뢰할 수 없고, 불안정한 세상이죠. 이렇게 안 그래도 늘 불안을 느끼고 사는 사람들에게 쓸데없이 불안감을 더 얹을 필요가 있을까요?

이 시대에는 불안을 낮추는 전략과 리더십이 필요하다. 이렇게 말씀드려요. 그래서 '인지적 이해'와 '불안을 낮춰주는 리더십' 이 두 가지가 적절히 있어야 한다고 이야기하는 것입니다.

2020년대, 비즈니스 세계에서는
어떤 일이 벌어지고 있나?

그럼, 인지적인 이해를 한 번 해보죠. '지금 비즈니스 현장에서 어떤 변화가 일어나고 있는가?'에 대해 이야기해보겠습니다.

먼저, 앞에서 '실체를 알 수 없다'고 말했던 '4차 산업혁명'입니다. 최근 2~3년 동안 세계 노동 시장을 봤을 때, 육체노동을 주로 하는 단순 노동자는 급감하고 있습니다. 런던 공항에 있던 그 많은 항공사 직원들, 공항 직원들은 다 어디로 갔을까요? 요즘 대형 슈퍼마켓이나 패스트푸드점에 가면 다 기계로 계산을 해요. 인간 계산원을 대신하는 키오스크KIOSK 기계는 이미 우리 생활에 깊숙이 들어와 있죠. 낯설고 어렵지만 어쨌건 적응을 하는 수밖에 없어요. 단순 노동자가 사라지면서 결국 대부분 가게의 계산원들은 자동화 될 테니까요.

얼마 전, 톨게이트에서 수납 업무를 하시는 분들이 정규직으로 전환해달라고 시위하셨어요. 한국도로공사에서는 자회사를 만들어 정규직으로 전환을 했는데, 그게 아니라 도로공사에서 직접 고용을 해달라고 요구하는 거예요. 그런데 미안하지만 이건 큰 사회적 부담이 돼요. 수납원은 내일이라도 없어질 수 있는 직업 중 하나예요. 하이패스를 의무화하면 톨게이트 수납원은 몇 달 안에 대부분 없어질 거예요. 버스 안내원, 엘리베이터 안내원이 서서히 없어졌나요? 어느 날 싹 없어졌어요.

지금 우리나라 항공사들이 아주 힘듭니다. 내부적인 문제도, 정치적인 문제도 있지만, 해외 항공사들의 비행기를 타보니 대한항공, 아시아나항공 경쟁력이 떨어진다는 걸 느낄 수 있더라고요. 물론 국적기 승무원들이 더 친절하죠. 그렇다고 해서 2배 넘는 값을 치르면서 국내 항공사를 이용하고 싶은 마음은 없어요. 머지않아 기내 서비스도 자동화될 거예요. 그러면 '친절함'은 경쟁력이 될 수 없겠죠. 거기에 수시로 마일리지 제도를 변경하고, 고객에게 제공되는 서비스도 슬쩍슬쩍 사라져요. 그러면 고객의 충성도는 확 떨어지겠죠.

여기서 한 가지 더 짚고 넘어갈 게 있습니다. 우리나라는 자원이 없는 대신 기술력이 좋고, 실행력이 빠른 나라예요. 그래서 인프라나 시스템을 수출해 국가 경쟁력을 높여왔죠. 기존에 우리가 해왔던 방식은 "톨게이트 수납원을 없애고 하이패스로 전환해서, 전국 도로망을 자동화하자."라고 한 뒤에 혁신적인 시스템을 만들어 실험까지 마쳐요. 그리고 다른 국가에 그 시스템을 파는 거예요. 그게 지금까지 대한민국이 국제 사회에서 살아남은 방식이었습니다. 빠르게 새로운 인프라를 구축하고, 그것을 해외에 파는 방식이죠.

저는 개인적으로 우리나라의 기술력이나 IT 인프라를 매우 자랑스럽게 생각합니다. 선진국에 가 봐도 우리나라보다 뛰어난 곳 잘 없죠. 그런데 지금은 아니에요. 미국은 공항뿐 아니라 드럭스토어는 거의 다 무인 계산대에요. 무인 계산대가 10년 전쯤 도입됐는데, 이제는 시스템이 거의 다 바뀐거죠. 노동자들의 입김이 우리보다 훨씬 센 프랑스도 마트에 가보면 무인 계산대가 절반 이상이에요. 우리나라의 계산원 분들 정말 일 잘하시죠. 그런데 이제 그게 경쟁력이 아니에요.

변화를 미루면 국가 경쟁력을 잃게 됩니다. 고용 안정을 위해 몇 년의 유예기간을 주고, 대책을 세우는 동안 국가 경쟁력은 떨어지는 거죠. 우리처럼 자원 없는 나라는 엄청난 속도로 진행되는 4차 산업혁명을 늦출 힘이 없기에, 이런 부분을 이해하고 있어야 해요.

지식노동자의
미래

다음으로 인공지능^AI이 상용화되면 어떤 변화가 있을까요? '지식노동'의 가치가 하락합니다. 위기는 육체노동자들에게만 있는 것이 아니에요.

과거에는 지식이 굉장한 경쟁력이었어요. 여기 계신 분들 중에, '내가 구글이나 네이버보다 똑똑하다.'고 생각하는 분 계십니까? '내가 가진 지식은 인터넷에서 절대로 찾을 수 없어.'라고 자신할 수 있는 사람은 지구상 어디에도 없을 거예요.

정보를 굉장히 쉽게 구할 수 있는 시대입니다. Z세대^Generation Z (1990년대 후반~2000년대에 태어난 이들로, 어릴 때부터 디지털기기에 둘러싸여 자란 '디지털 원주민'이다.)라고 하는 90년대 이후 생들, 그 친구들 같은 경우는 스마트폰을 뇌의 일부처럼 사용해요. 제 딸이 이 세대인데요, 대화를 하면서 계속 스마트폰으로 뭔가를 봐요. 그러면 저는 "얘기에 집중해."라고 잔소리를 하는데 알고 보니 집중하지 않는 게 아니더라고요. 이 세대는 이야기를 하면서 그때그때 정보를 찾아요. 검색이 대화의 일부예요. 지식을 머릿속에 저장해놨다가 꺼내는 게 아니라, 바로바로 검색을 통해 실시간으로

습득해요. '많이 안다'는 게 큰 가치가 없는 시대죠.

요즘 '지식 큐레이션curation'이 뜨잖아요. 수많은 지식들 중에서 쓸모 있는 것들만 모아 요약하거나, 지식과 지식을 연결해 새로운 가치를 창출하는 거예요. 지식 그 자체를 많이 가진 사람보다는 널려 있는 지식을 해석하는 능력이 더 중요한 시대예요.

AI가 상용화 되면 빠르게 비즈니스 현장에도 도입될 거예요. 벌써 기업 인사 시스템에 IBM의 인공지능 '왓슨Watson'이 도입되기 시작했죠. AI가 상용화되면 제일 먼저 없어질 직업이 의사와 판검사래요.

초음파 검사를 하면 의사들이 이렇게 이야기합니다. "95%의 확률로 양성 종양입니다." 이 판단은 의사가 내리는 게 아니에요. AI가 진단하는 거죠. 인공지능은 수억 건의 데이터를 바탕으로 '이렇게 생긴 종양들은 보통은 양성이다, 95%는 양성이다.'라고 판단해요. 아무리 경력이 많은 의사라도 인공지능만큼의 데이터를 가지고 있을까요?

만약 인공지능이 '양성일 확률 50%'라고 말하면 그때 의사는 조직검사를 하겠죠. 이미 초기 판단은 인공지능이 하고, 인간 의사는 보조 역할을 하는 단계까지 온 거예요.

비즈니스 환경의 변화,
조직의 변화

예전에는 '기업 인수합병'이 아주 큰일이었어요. 그런데 요즘은 기업 간의 M&A가 빈번합니다. 특히 기술 기업들, 스타트업들은 수시로 모이고 흩어져요. 그러면 그 안에서 일하는 사람들은 어떨까요? 충성도가 하락해요. 상황이 늘 바뀌고 오락가락하니까, 조직 안에서 미래를 그리기 어려워지는 거예요.

사업의 경계도 모호합니다. 요즘 기업들의 특성은 '저 회사가 뭘 하는 회사인지 알 수 없다'는 거예요. 구글은 대체 뭘 하는 회사 입니까? 검색 서비스를 제공하는 회사인줄 알았더니, 인간이 150살까지 살 수 있는 기술을 연구하고 있대요. 인터넷 쇼핑몰인줄 알았던 아마존은 난데없이 우주선을 개발한대요. 누군가는 이렇게 말하겠죠? "인터넷 서점에서 왜 우주선을 만들어?"

요즘은 이게 트렌드입니다. 기업의 비전을 실현하기 위해 필요한 일은 뭐든 해요. 전문가를 영입해 완전히 새로운 사업을 벌이기도 하고요. 기존 사업의 경계가 무너져버린 거죠.

그러다 보니 다양한 전문가들과 협업하는 일이 많아졌어요. 옛날엔 전화기만 만들면 됐었는데 전화기에 어느 날 카메라가 들어왔어요. 그러면 카메라 만드는 사람들하고 전화기 만드는 사람들하고 협업을 해야 하는 거죠. 성능 좋은 카메라를 넣으려다 보니, 화면의 품질도 좋아져야 해요. 그러면 디스플레이 전문가도 들어오는 거예요. 비즈니스 현장에서 이런 일들이 빈번하게 일어나고 있습니다. 언제 어떻게 누구와 협업을 하게 될지, 알 수가 없어요. '한 명의 천재가 10만 명 먹여 살린다.'고 삼성의 이건희 회장이 20년 전에 말했죠? 지금은 천재들도 협업해야 먹고 살아요. 협업 안 되는 천재는 쓸모없어요.

개인 커리어의 수명도 짧아지고 있습니다. 2019년에 하버드 의대에서 열리는 코칭 컨퍼런스에 갔거든요. 거기에서 짚는 트렌드 중 하나가 '커리어 컨설팅'과 '커리어 코칭'이 독립적인 분야로 급성장하고 있다는 거예요. 미국의 밀레니얼 세대들은 어릴 때부터 전문가들의 도움을 받으며 컸어요. 그래서 어떤 변화가 있으면 도움을 받을 수 있는 전문가를 찾는 것을 당연하게 생각합니다. 우리나라에서 예전에는 없던 '입시 컨설턴트'가 요즘 아주 잘나가는 직종 중 하나인 것과 마찬가지죠.

'내가 이 정도 커리어를 갖고 있으면 어디로 옮겨야 될까요? 연봉은 얼마가 적당할까요?' 이런 것들을 상담하는 사람들이 많대요. 예전에는 이런 것들을 동기끼리, 선후배끼리 알음알음 상담했어요. 혹은 회사에서 알아서 개인의 커리어를 디자인해주기도 했죠. 승진 대상인 직원에게 특별히 직무교육을 하거나, 자격증 시험을 추천하거나, MBA나 유학 등을 추천했습니다. 대부분 직원들은 그에 따랐고요. 그런데 지금은 아니라는 거예요.

예전에 정년까지 커리어를 이어가게끔 회사에서 도와줬다고 하면 지금은 그게 없어요. 내가 알아서 커리어를 개발해야 하는 그런 시대입니다. 특히 변화가 많은 시대에 태어난 회사들은 더욱 그래요. 시장이 폭발적으로 확장되니 회사도 그에 따라 성장하느라 바빠서 인재 개발 시스템을 갖추고 있지 않아요. 그러니 본인이 알아서 성장해야 하는 분위기입니다.

그 다음은 세대의 변화예요. 이제 Z세대가 사회생활을 하고 있어요. 밀레니얼 세대와 Z세대가 기업에 수적으로 절반 이상을 차지하는 회사들이 대부분입니다. 이들은 자라온 정치·경제적인 환경도 다르지만, 디지털 기기와 매우 밀접하고, 개인의 가능성을 훨씬 존중받으며 자라왔다는 점에서 기존 세대와 확연히 구분됩니다. 이렇게 서로 다른 특성을 가진 세대들이 어떻게 공존하기 위해 다양한 세대의 니즈가 반영된 조직 문화가 필요하다는 이야기가 나오고 있어요.

취약해지는
리더십

리더가 그야말로 무소불위의 권력을 가지고 있던 시절이 있었죠. 한때는 추진력 강하고 카리스마 있는 리더가 추앙받기도 했습니다. 그런데 현대 조직에서는 리더의 힘이 점점 약해지고 있어요. 각종 법을 통해 리더가 함부로 행동할 수 없게 막고 있죠. 대표적인 제도가 '직장인 괴롭힘 방지법'과 '직장 내 성희롱 예방법' 같은 것들이에요.

이런 것들이 시작되면서, 말과 행동을 함부로 했던 리더들이 '무례한 사람'을 넘어 '불법을 저지르는 사람'이 되고 있어요. 효율성 중시한다고 리더가 구성원을 막 대하던 시대는 지났습니다. 이제 리더도 '관계 중심적'으로 접근해야 살아남을 수 있어요.

요즘은 직장에서 '성희롱 예방 교육'이 필수죠. 교육이 끝나면 강사에게 질문이 쏟아집니다. '이런 행동은 성희롱인가요?', '이런 말도 성희롱으로 처벌받을 수 있나요? 그런데 아직 우리나라에는 뚜렷한 기준이 없어요. 미국 〈하버드 비즈니스 리뷰〉에 실린 칼럼을 보면 미국 기업에서는 기준이 뚜렷해요. "옷이 참 잘 어울리네요." 이렇게 말하면 괜찮아요. 그런데 "너 그렇게 입으니까 섹시하다." 이렇게 말하면 성희롱에 해당된대요. 그런데 우리나라는 아니에요. "너 그 옷 잘 어울린다."라고 말해도 듣는 사람이 성적 수치심을 느꼈다면, 성희롱으로 신고할 수 있어요.

직장 내 괴롭힘도 마찬가지예요. 예를 들어볼게요. 회사에서 외부 행사를 합니다. 오후 1시에 행사가 시작될 예정이어서 팀장이 점심은 샌드위치를 시켜먹자고 해요. 그런데 팀원이 자기는 점심 약속이 있어서 나가겠대요. 팀장이 "너 미쳤어?" 이렇게 얘기해요. 이거 직장 내 괴롭힘일까요? 네, 팀원이 마음먹고 신고하면 처벌받을 수 있습니다.

여기에서 중요한 포인트가 하나 있어요. 앞에서 예를 든 사건들이 공론화되는 과정 안에는 '관계'가 분명히 있다는 것입니다. 서로 사이가 좋은데, 혹은 리더가 힘이 있는데 이런 일로 신고하는 경우는 거의 없어요. 리더와 나의 관계가 좋지 않을 때, 즉 내가 수세에 몰리거나 불리한 상황일 때 터뜨리는 거죠. 문제는 뭐냐? 지금은 사이가 좋은데 내년에 어떻게 될지 알 수 없다는 거예요. 성희롱이나 직장 내 괴롭힘 사건을 보면 대부분 바로 어제 일어난 일이 아니에요. 짧게는 한두 달, 길게는 3년 전, 5년 전 이야기들이에요.

구성원들과 좋은 관계를 유지하는 것은 리더십에 있어서 취약한 리더가 택할 수 있는 전략 중 하나입니다. 누군가는 이렇게 얘기할 수 있어요. '구성원과 좋은 관계를 유지하려 노력하는 게 정상이다. 과거가 잘못되었던 것이다.' 맞습니다. 이게 정상이죠. 그런데 안타깝게도 우리나라의 리더들은 올바른 리더십을 본 적도 없고, 배운 적도 없어요. 그들의 상사들은 이보다 더하면 더했죠. 그런데 올바르게 행동하라고 조직에서, 사회에서 강요받아요. 그래서 취약해지는 겁니다. 나는 기술이 없는데, 남들 앞에 서서 기술을 부려야 하고, 그러지 못하면 낙오되는 상황이니까요.

지금 리더에게 필요한 인지적 이해

변화 요인	결과
4차 산업혁명	육체노동자, 단순 노동자 급감
AI의 상용화	지식노동 가치 하락
빈번한 M&A	조직 충성도 하락
비즈니스의 경계가 모호해짐	다양한 전문가와의 협업 필요
짧아진 기업의 수명	개인 커리어 관리 중요
조직 내에 개성이 명확한 세대가 공존	다양한 세대의 니즈가 반영된 조직 문화 중요성 증대
리더의 취약성	관계 중심의 리더십으로의 전환 필요
세계 정세의 불안정성	애자일 조직의 중요성 증대

CASE STUDY 3

리더 스스로 취약성을 드러냄으로서
조직을 구할 수 있다

'어떻게 두려움을 흡수하고 심리적 안전감을 높일 것인가?'에 대한 해결책으로 전문가들은 '리더 스스로 취약성을 드러내는 것'을 제시한다. "나도 너처럼 부족한 인간이다."라는 사실을 드러내는 것이다.

사람은 서로가 약한 존재라고 생각할 때, 그를 도울 생각, 그로부터 도움을 구할 생각을 하게 된다. 상대가 아주 유능한 존재라고 생각할 때 도움을 구할 것 같지만 실제로는 그렇지 않다. 사람들은 상대의 유능에 기가 눌려 "이렇게 쉬운 것도 못 하냐?"는 소리를 듣고 싶어 하지 않는다. 그래서 리더의 유능함은 오히려 두려움의 대상이 되기도 한다. 따라서 리더는 신뢰와 권위를 잃지 않는 선에서 취약성을 드러내는 것이 좋다.

한때 극심했던 반反삼성 기류는, 삼성이 애플의 곡선 직사각형 디자인을 침해했다고 미국 캘리포니아 법원에서 천문학적 벌금을 선고받은 이후로 한풀 꺾였다. 최근 오너가 옥살이를 하고 나와 일본 정부의 주요 소재 수출 규제에 고군분투하는 모습은 국민들이 삼성을 응원하게까지 만들었다.

2019년, 37억 원의 연봉을 받아 화제가 됐던 나영석 PD는 예능에서 옆집 아저씨 같은 소탈함을 보인다. 그리고 실수도 잦아 종종 출연자들의 놀림거리가 된다. 그런데 이런 '인간적인 면'이 보이면서 시청자들의 절대적 사랑을 받고 있다.

천하장사였던 강호동은 불미스러운 일로 잠정 은퇴 후 돌아와서는 '옛날 사람' '이빨 빠진 호랑이' 이미지로 다시 사랑을 받기 시작했다. 최근에는 '갱년기 아저씨'의 이미지를 드러낸다. 이처럼 약해진 천하장사의 모습에 사람들은 실망하고 등을 돌리지 않는다. 오히려 더욱 친근하고 가까워진 느낌을 받는다. 그가 일반인들과 직접 접촉하는 예능을 할 수 있는 이유이기도 하다.

세계적인 리더십 구루인 인시아드의 맨프레드 케츠 드 브리스F. R. Kets de Vries 교수에 의하면 21세기형 리더는 '유능함을 자랑하고 사람들을 압도하는 사람'이 아니라, '현명한 광대'다. 조직의 긴장을 완화하기 위해서 자신이 스스로 웃음거리가 되기도 하고, 위협적이지 않게 사람들이 자신을 돌아볼 수 있도록 해줘야 한다.

조직 문화의 아버지라 불리는 에드거 샤인은 '나를 한껏 낮추어 질문을 던지는 것(Humble Inquiry)'이 리더의 덕목이라고 제시한다. 리더의 자기 희화화, 긴장을 풀어주는 잡담, 아주 사소하지만 상대방에게 나를 오픈하는 한마디, 그리고 낮은 자세는 구성원들로부터 호의를 불러일으킬 수 있다. 그렇다고 자신을 버리거나 내려놓으라는 것이 아니다. 두려움의 형태인 방어적 자세와 선제적 방어 자세인 공격적 언행을 내려놓자는 것이다.

현장에서 '취약성을 인정하고 나를 낮추는 리더십'을 실행해

본 리더들은 "내가 가벼워졌다."고 고백한다. 또 조직원들은 리더들이 언어를 바꾼 이후 조직 분위기가 순화됐다고 말한다.

심리적 안전감도 같은 맥락에서 이해할 수 있다. 두려움이 낮은 집단에서 고성과가 나올 수밖에 없다. 실수나 실패를 하더라도 비난받지 않을 것이라는 믿음은 평소에 두려움을 낮은 수준으로 유지하게 된다. 따라서 창조적인 일에 더 많은 에너지를 쓸 수 있다. 실패를 두려워하지 않는 도전정신은 덤이다.

심리적 안전감을 주는 언어로는 "괜찮아.", "잘하고 있다.", "잘될 거다.", "다음에 잘하면 된다.", "나도 예전에 잘 못했다. 그래도 그 일을 통해서 성장했다."와 같은 말이 있다.

인정을 해주는 말도 그렇다. 인정하는 말은 칭찬과 결이 다르다. 칭찬은 잘못하게 되면 칭찬을 받지 못할 것이라는 두려움을 만들어 내기에 그다지 권장할 것이 못 된다. 그러나 특별한 성과를 내지 않았어도 그의 긍정적인 면을 알아봐 주는 말은 구성원들의 심리적 안전감을 높인다. "김 대리는 참 성실해.", "김 부장 덕분에 우리 부서가 안정적으로 굴러간다.", "이 과장 덕에 우리 조직에 생기가 더해진 것 같다"와 같이 그 사람의 긍정적

성향 혹은 존재 자체를 알아봐 주는 것이 좋다.

많은 리더가 저성과자들에게도 긍정적인 말을 하는 것이 좋냐고 묻는다. 사실 저성과자는 많은 경우, 다른 조직원들의 두려움을 흡수하는 기능을 한다. 사람들은 '내가 저 사람보다는 잘해.'라는 생각을 하게 되는데, 그것이 두려움을 낮추는 기능을 하는 것이다. 반면 저성과자를 처벌하는 조직은 '나도 다음 차례가 될 수 있다.'는 두려움을 갖게 한다. 그러면 두려움을 관리하는 데 많은 에너지가 들어갈 뿐만 아니라 보신주의가 팽배해질 수밖에 없다.

저성과자는 매우 다양한 형태여서 그들에 대한 처분법을 단순화해서 말하기엔 무리가 있다. 그리고 많은 경우 '그럴 만한' 이유가 있다. 예를 들면, 몸이나 마음에 실질적인 병이 있거나 채무에 시달리는 등 다른 곳에 과도한 에너지가 새어나가고 있다. 이들을 너무 몰아세우면 더욱 상황이 안 좋아질 수 있다.

저성과자의 경우도 성과가 낮지만 노력하는 자세를 알아봐 주고, 성과가 나지 않는 데 대한 실망감을 가지고 있음을 표현하는 것만으로도 충분하다. 그리고 "내가 어떻게 도와주면 좋을까?"라는 질문을 통해서 상대의 자율성과 책임감을 불러일으키면 좋다.

인간의 감정은 이성으로 통제하기 어렵다. 더군다나 외부 환경의 변화가 심한 현대 사회에는 불안의 요소가 주변에 산적해 있다. 이런 환경에서 고성과 조직을 만들기 위해서는 리더가 심리적으로 안전한 환경을 조성하는 것이 중요하다.

이 글은 저자가 〈동아 비즈니스리뷰〉 286호(2019년 12월 발행)에 기고한 칼럼을 재구성한 것입니다.

CHAPTER 4

심리적 안전감이란

인지적인 이해를 하고 난 다음에는 불안을 낮출 수 있는 행동을 통해 구성원들의 심리적 안전감을 높여줘야 합니다. 이제 본격적으로 심리적 안전감에 대해 이야기해보죠.

'나는 안전하다'는 느낌

'심리적 안전감'이란 말, 들어본 적 있으신가요?

조직론에서는 최근에 주목받았지만, 사실 오래 전부터 있었던 개념이에요. 1990년대에 하버드 경영대학원의 에이미 에드먼드슨Amy C. Edmondson 교수가 처음 이 개념을 이야기했습니다. 국내에도 출간된 에드먼드슨 교수의 책 《두려움 없는 조직》을 보면,

'구글에서 2년 동안 고성과를 낸 팀의 비밀은 무엇일까?'에 대해 연구한 결과가 나와요. 구글의 고성과 팀과 저성과 팀을 연구한 거죠. 고성과 팀에만 있는 요소를 찾아보니 '심리적 안전감'이라는 개념이 나왔어요.

'심리적 안전감'은 간단히 말해서, '내가 안전하다'고 느끼는 감정입니다. '내가 무슨 말을 하더라도 여기는 괜찮아. 저들은 나를 해치지 않아.' 이런 느낌이 심리적 안전감이에요.

조직의 구성원들이 심리적 안전감을 느끼기 위해서는 리더가 불안을 흡수해야 한다고 에드먼드슨 교수는 말합니다. 무슨 말을 했는데 조롱을 받는다거나, 새로운 시도를 했는데 실패하면 엄청나게 비난을 받는다거나 하면, '안전하지 않다'는 생각이 들죠. 이런 상황에 대한 불안이 앞에서 말한 VUCA와 더해지면 불안한 감정을 주체할 수 없게 됩니다. 때로는 단순히 불편한 기분을 느끼는 것을 넘어, 신체적인 부분과 지적인 부분까지 모두 갉아먹어요.

심리적 안전감이 없으면
인재도 능력을 발휘할 수 없다

《최고의 팀은 무엇이 다른가》라는 책 서문에 나온 이야기를 하나 할게요. 경영대학원 학생들, 로스쿨 학생들, 그리고 유치원생을 대상으로 '마시멜로와 스파게티 건면을 가지고 1m짜리 탑을 쌓아보자.'는 미션을 줬어요. 어느 그룹이 가장 오래 걸렸을까요?

경영대학원 학생들이 가장 오래 걸렸어요. 말하자면 조직의 리더들 같은 분들이죠. 이들이 유치원생들보다 공간 구성 능력이나 재료의 속성에 대한 이해가 부족해서 시간이 오래 걸렸을까요? 아니겠죠?

저자는 심리적 안전감 개념을 가져와 결과를 해석합니다. 유치원생들은 탑을 쌓는 목표 그 자체에만 집중해요. 마시멜로를 열심히 쌓다가 무너졌어요. 그러면 "이렇게 해 봐!"라고 하면서 바로 다른 방법을 시도해요. 스파게티 면이 무너지면 또 다른 방법을 사용하고. 될 때까지 막 말하고, 막 해봐요.

그런데 경영대학원 학생들은 '내가 이 말을 했는데, 안 되면 어떻게 하지?', '내가 이런 방법을 제시하면 상대방이 나를 바보 같다고 여기지 않을까?'라는 고민을 엄청나게 해요. 그러니까 목표에 집중하지 못하죠. 오로지 내가 하는 말이 옳을지 그를지, 상대방이 그것을 어떻게 생각할지, 내가 한 말 때문에 나쁜 결과가 나오면 어떻게 할지만 고민해요. 즉 이들은 심리적 안전감이 없는 상태입니다.

심리적 안전감을 높이기 위해
리더가 할 일

저자는 구성원의 심리적 안전감을 높이기 위해 리더가 '방향성을 알려주고, 소속감을 주고, 취약성을 드러내야 한다.'고 말합니다.

사람은 어디로 가야 하는지, 뭘 해야 하는지를 확실하게 알아야 심리적 안전감이 높아져요. 어떤 일을 열심히 하고 있어요. 그런데 이 일을 왜 해야 하는지도 모르고, 어떤 결과가 나오는지도 모르면 불안하죠. 등산을 하는데, 앞서 가는 사람이 "이 길로 가면 정상에 오를 수 있다."고 하면 뒤에 따라가는 사람은 불안이 낮아지죠. 그런데 앞서 가는 사람이 "이 길이 맞는지 모르겠다."면서 계속 두리번거리면 어떻겠어요? 불안해요. 이렇게 리더는 목표에 대한 확신을 주고, 책임을 지는 역할을 해야 해요.

또 '함께 한다'는 소속감이 있으면 불안감이 낮아져요. 비정규직 문제를 하루빨리 해결해야 하는 이유는 이 소속감 문제 때문이기도 합니다. 비정규직은 2년 후에 어떻게 될지 알 수 없기에, 몸은 여기 있지만 정신적으로는 이곳의 소속이 아닌 것 같은 느낌을 계속 받습니다. 그 상태에서 일하면 어떨까요? 그 사람이 가진 능력만큼의 성과가 나오지 않겠죠.

새로운 사람이 들어왔을 때, 회사 이름과 그 사람의 이름이 함께 적힌 티셔츠를 입게 하면 더 높은 몰입도와 충성도를 보인다는 연구 결과도 있어요. 요즘 회식 문화가 많이 사라졌는데요, 소속감을 높이기 위해 때로는 함께 폭음이나 폭식을 하는 것도 도움이 된다고 합니다. 음식을 먹는 1차원적인 일을 함께 하면 사람은 본능적으로 더욱 가까운 느낌을 받는다고 해요.

마지막으로 리더 스스로 부족한 모습을 인정함으로써 취약성을 드러내라고 합니다. 리더가 마치 자기는 완벽한 사람인 것처럼 군림하며 상대의 잘못이나 실수를 질타한다면, 함께 일하는 것이 얼마나 부담스럽겠어요? 빈틈이 있는 리더는 구성원들의 기를 살리고, 더 좋은 결과를 내게 합니다. 저는 이런 리더로 나영석 피디를 꼽아요. 프로그램에서 보면 15년 가까이 거의 동네북처럼 놀림을 당하죠. 그런데 이 분이 한 번도 실패하지 않고, 승승장구하는 넘버 원 예능 피디예요.

이런 이야기를 하니까 어떤 회사 인사 담당께서 그런 말씀을 하시더라고요. "술자리에서는 이런 저런 이야기를 많이 한다. 새로운 아이디어도 많이 나오고, 발전적인 이야기가 나오는데, 회의 때는 다들 입을 꾹 다물고 있다. 어떻게 하면 회식 자리처럼 회의를 할 수 있을까?"라고요. 맞아요. 술자리는 자신의 취약성을 드러내는 자리입니다. 술에 취해서 서로 망가진 모습을 보이고, 술김이라는 핑계로 별별 이야기를 다 하게 되죠. 그러는 동안 사람들은 심리적 안전감이 높아지게 되어 있어요. 서로 가장 날 것의 모습을 공유하면서 소속감을 느끼게 되고, 심리적 안전감이 높아지니까 일을 할 때도 좀 더 편하게 접근할 수 있는 거예요. 나영석 피디의 프로그램은 언제나 회식 장면으로 시작합니다. 회식과 회의의 경계가 없어요.

구성원 각자가 능력을 발휘하는 고성과 조직이 되기 위해, 이 시대의 리더는 구성원들의 불안을 흡수하고, 심리적 안전감을 가질 수 있는 환경을 만들어야 한다는 것. 이제는 모두 절실히 느끼실 거예요.

다음 장부터는 지금까지 이야기한 것들을 좀 더 구체적으로, 어떻게 실행할 수 있는지 말씀드리겠습니다. 심리적 안전감에 대한 연구 논문, 저서의 내용들을 종합해서 저 나름의 방법론을 찾고, 실제로 현장에서 활용하며 효과를 검증한 것들입니다.

CASE STUDY 3

조직을 위험에 빠뜨리는 사람, 어떻게 대처할까?

리더를 취약하게 만드는 개인들이 있다. 이 개인들은 힘이 너무나 세다. 이들은 리더뿐만 아니라 조직의 모든 구성원을 취약하게 만든다. '나르시시스트'들이다.

나르시시스트는 '자기애적 성격장애' 증상을 가진 사람들이다. 이들은 자기를 너무 사랑해 다른 사람들을 이용하고, 착취하고, 특권과 과도한 찬사와 숭배를 요구한다. 이런 성향의 사람은 성장 과정에서 일관적이지 않고, 차가운 양육자에게 양육되면서 자신은 다른 사람들에게 사랑과 존경을 받지 못할 것이라는 깊은 내적 절망을 발달시켜온 경우가 많다. 이러한 절망은 외부적으로 다른 사람들에게 존경과 사랑을 강요하는 형태로 드러난다.

이들은 실제로 사랑받기 위해서 굉장히 열심히 산다. 따라서 엘리트가 될 확률도 높다. 이들은 자신이 생각하는 수준에 도달하기 전까지는 여유 만만하고, 섹시하며, 매력적인 면모를 보인다. 사람들의 심리를 잘 읽고 이용할 줄도 알아서 많은 사람 위에 군림하게 된다. 그러나 이들은 자신이 충분히 힘을 갖췄다고 생각하면 그때부터 다른 사람들을 과도하게 착취하기 시작한다. 경계를 허물고, 법 위에 존재하고, 다른 사람들의 고통을 통해서 자신의 존재를 확인하고 싶어 한다. 그러나 그가 심리적으로 원했던 존경과 사랑은 이러한 거짓된 착취를 통해서 채워지지 않는다. 따라서 더욱 많은 것을 요구한다.

보통 카리스마 있다고 말하는 많은 리더들은 실상 나르시시스트인 경우가 많다. 실제로 필리핀의 두테르테 대통령이나 스티브 잡스 같은 리더들은 나르시시스트라는 진단 결과가 나와 있기도 하다. 이들은 원대한 비전을 제시하고, 비전형적인 행동을 하면서 추종자들의 숫자를 빠르게 늘린다.

조직 내에도 나르시시스트가 존재한다. 이들은 언제나 자신감 가득한 모습으로 승승장구하며, 정치에도 능해서 힘 있는 사람들을 정확하게 파악하고 그들과 끈끈한 관계를 만들어 놓는다. 그리고 자신을 실제보다 커보이게끔 잘 포장해 자신감이 떨어지는 사람들은 이들에게 매력을 느끼고 추종한다. 이들은 희생양을 만들어서 문제가 생기면 빠져나갈 구멍도 만들어 놓는다.

이러한 사람들은 동료를 착취하고, 성과를 빼앗는다. 앞서 이야기했듯 이들은 실제로는 꽤나 능력 있는 사람들이지만 스스로가 사랑이나 존경의 대상이 되지 못할 것이라는 깊은 절망과 두려움을 가지고 있기 때문에 자신이 직접 무엇을 하는 것보다 다른 사람의 것을 가로채는 것을 전략으로 사용하는 경우가 많다. 그리고 이들은 이미 불법이나 공정하지 않은 짓을 저질러 놓은 경우가 많다. 횡령과 성범죄 역시 나르시시즘의 한 증상으로 볼 수 있다.

나르시시스트들은 모든 것이 만천하에 드러나도 자신의 잘못을 인정하고 사과하지 않는다. 이러한 나르시시스트는 조직의

'썩은 사과'다. 혼자서 망가지지 않는다. 온 조직을 망가뜨린다. 자신 이후는 전혀 중요하지 않을뿐더러 자신이 없어진 후에 조직이 무너지는 것이 자신의 유능과 존재감을 드러내는 길이기 때문에 리더 자리에 오르면 후계를 마련하지 않는다. 후계를 마련한다 하더라도 자신의 존재감을 드러나게 해줄, 능력이 없는 사람을 준비해 놓는다.

보통 나르시시스트는 자신의 발에 걸려 몰락한다. 그때는 그의 조직이 다 함께 몰락할 수 있다. 따라서 기다려서는 안 된다. 일이 일어나기 전에 손을 써야 한다.

리더십 전문가들은 이러한 나르시시스트는 조직을 황폐화시키는 존재이기에 제거하는 것이 가장 좋은 방법이라고 말한다. 나르시시즘 전문가인 샌드 호치키스 박사는 나르시시스트를 상사로 만난 경우는 절대 맞서지 말고, 퇴사를 고려하라고 말한다. 일반인이 상대할 수 있는 수준이 아니라는 것이다. 그를 능가하는 유능을 드러내거나 그를 무력화하려고 하면 상상을 초월한 비이성적, 비정상적 공격을 해오기 때문에 정상인들은 감당하기 어렵다.

많은 리더들이 이 나르시시스트를 제거하는 데 큰 어려움을 겪는다. 이미 많은 사람에게 다양한 방식으로 독을 뿌려 놓은 경우가 많다. 오너는 나르시시스트의 거짓말에 속아 제대로 된 판단을 할 수 없게 된다. 때로는 나르시시스트의 잔인하지만 깔끔한 일 처리나 큰 비전, 호언장담, 혹은 거짓말에 길들여져 있는 경우가 많다. 하지만 조직을 구원하기 위해서는 한동안의 혼란과 손해를 감수해야 한다.

나르시시스트는 법 위에 존재하고 싶어 하기 때문에 실제 불법을 저지르는 경우가 많다. 그것을 사규나 법을 통해서 해결하는 것이 가장 좋다. 횡령이나 성추행 등이 고발됐을 때는 나르시시스트의 거짓말에 속지 말고, 정확하게 처리해야 한다.

실제로 내가 코칭하는 기업에서는 나르시시스트 리더를 제거하느라 실질적 타격을 입었고, 계속적으로 드러나는 그가 행해 놓은 악행―관계사에 갑질, 조직 내외에서 갖은 뇌물 수수와 자질구레한 횡령 등―을 수습하느라 오랜 기간 애를 먹었다. 그러나 조직은 평화로워졌으며, 안정화됐다.

그럼 어떻게 이런 나르시시스트들이 리더로 부상하는 것을 막을 수 있을까? 이사회가 민주적으로 운용되고, 이들을 견제하고 균형을 잡을 수 있는 사내 제도가 마련돼야 한다. 결국 시스템이 제어하게끔 하는 것이 나르시시스트의 부상을 막는 유일한 길이다. 나는 코칭에서 말한다. '나르시시스트를 어쩌지 못할 수 있다. 그러나 이들의 특성을 알고 있으면 어느 정도 사후 대처는 할 수 있다.'고 말이다.

만일 우리 조직 내에서 이런 나르시시스트가 발견된다면, 리더는 상황에 대한 인지적 이해와 실질적 대응 전략을 세워야 한다. 그리고 위기에 맞설 에너지를 비축하는 것이 유일한 해결책이다.

이 글은 저자가 〈동아 비즈니스리뷰〉 286호(2019년 12월 발행)에 기고한 칼럼을 재구성한 것입니다.

CHAPTER 5

심리적 안전감을 높이는 방법 1
1단계. 비전을 명확히 하라

2018년에 출간된 대니얼 코일의 책《최고의 팀은 무엇이 다른가》가 경영자들 사이에서 꽤 인기를 끌었어요.

제가 한 반도체 회사 교육을 하고 있을 때인데, 이 책을 보신 대표님이 "조직의 심리적인 안전감을 끌어 올리는 것이 정말 중요한 것 같다. 그러려면 리더가 먼저 취약성을 드러내야 하는데, 그런 프로그램을 진행해줄 수 있겠냐?"고 요청하시더라고요. 저는 처음에는 못한다고 거절했습니다. 강아지나 고양이가 항복의 의미로 사람들 앞에서 배를 보여주잖아요? 리더가 취약성을 드러내도록 하라는 건 그렇게 만들라는 이야기거든요. 한두 시간 강의나 프로그램으로는 불가능한 아주 어려운 일이죠.

처음에는 자신이 없었는데, 연구를 거듭하다보니 방법을 찾게 됐어요. 단번에 '취약성을 드러내야 한다.'고 설득하는 게 아니라 4단계를 밟아가가며 설득하는 거예요. 지금부터 제가 연구와 적

용을 통해 터득한 '조직의 심리적 안전감 높이는 법 4단계'를 말씀
드리고자 합니다.

비전이란
무엇인가?

　조직의 불안을 낮추기 위해 리더는 가장 먼저 방향성, 즉 '비전
Vision'을 명확하게 해야 합니다.

　많은 리더십 전문가들이 리더의 가장 중요한 역할을 '비전 제
시'로 꼽아요. 문제는 비전의 중요성, 비전의 역할, 비전의 효과
이런 것들에 대한 강의는 많은데, '비전을 어떻게 세울까'에 대해
서는 알려주지 않는다는 거예요.

　'비전'의 뜻이 뭘까요? '목표, 지향점, 청사진, 밝은 미래' 일반
적으로 그렇게 알고 계시죠? 맞습니다. 그런데 이건 1번 뜻은 아
니에요. 그럼 1번 뜻은 뭐냐? '시각, 시야, 보이는 것'입니다. 그래
서 안과나 안경점 이름, 디스플레이 기업 이름에 비전이라는 단어
가 많이 쓰이죠.

　그런데 우리가 비전이라고 말하는 것은 '보이지 않는 것'인 경

우가 많아요. "그 사람 비전 있어보인다."고 말하면 그 뜻이 뭘까요? 그 사람의 미래가 밝아 보인다는 거죠. 행동이나 말투를 보니 앞으로 잘될 것 같다. 그럴 때 '비전 있다.'고 말합니다.

그런데 진짜 미래가 보여서 그렇게 말하나요? 그러면 우리 모두 점쟁이 하게요? 보이지 않지만 믿고 따를 수 있는 게 비전이에요. 신도 그렇습니다. 신이 눈에 보이나요? 안 보여요. 하지만 우리는 믿고 따르잖아요. 비전은 '눈에 보이지 않지만 믿는 것. 그리고 그것을 바라보는 행위'를 말합니다.

아래 그림을 유심히 봐 주세요.

저는 비전을 설명할 때 이 그림을 꼭 보여드립니다. 그림 속에는 어린 아이가 있어요. 그리고 그네가 있습니다. 이 그네는 동네 놀이터에 있는 그네하고 차원이 달라요. 큰 나무에 매달려 있고, 아주 높이까지 올라가요. 이런 그네를 타면 재미있겠죠? 처음에는 재미있게 탑니다. 그런데 좀 타다 보면 어떨까요? 지겨워져요.

옆에는 숲이 있습니다. 숲을 지나면 회전목마가 있는 놀이공원이 있어요. 그네밖에 모르는 아이에게 숲은 관심사가 아니에요. 그런데 숲 너머에 더 재미있는 놀이기구가 있다는 걸 알면 어떨까요? 숲에 대해 관심을 가지고, 지나갈 방법을 연구하겠죠. 그러나 놀이기구가 있다는 사실을 모르면 아이는 절대로 이 숲으로 들어가는 모험을 하지 않을 겁니다.

이 그림에서 놀이공원이 바로 비전입니다. 눈에는 보이지 않아요, 하지만, 미지의 숲을 통과하면, 그러니까 불확실성을 지나면 만나게 되죠.

밀레니얼 세대에게 비전은
특히 더 중요하다

밀레니얼 세대에 대해 이야기할 때 이 '비전'을 빠뜨릴 수가 없습니다. 앞에서 말씀드린 것처럼, 2000년대를 지나면서 불확실성이 굉장히 높아졌어요.

1990년대에 커리어를 시작하신 분들은 비즈니스에서 불확실성은 있었을지 몰라도, 개인 삶에 있어서 불확실성은 굉장히 낮았어요. 중소기업이건 대기업이건 회사에 들어가면 내가 여기서 얼마를 벌어서 시간이 지나면 집을 살 수 있고, 결혼을 할 수 있고, 가족을 이루고, 집을 넓히고…. 이런 일들이 가능했죠. 어떻게 보면 이것이 개인의 비전이었어요. 그 비전을 이루기 위해서 '회사에서 버티는 것'이 가능했고요. 어쨌든 한 달이 지나면 월급은 나왔으니까요.

그때는 조직의 비전이 곧 나의 비전인 경우가 많았어요. 회사에서 어떤 목표를 세우면 구성원들은 그 목표를 향해 노력하죠. 그러다보면 회사의 비전과 내 비전이 어느 정도 일치하게 돼요.

그런데 2000년이 넘어가면서 불확실성이 엄청나게 높아졌고, 무엇도 확신하지 못하게 돼요. 이런 사회에서는 개인도 비전을 갖기가 어려워요. '내 집 마련'이라는, 어찌 보면 아주 작은 목표도 쉽게 이룰 수 없는 세상이죠. 월급 받아 열심히 모아봐야 내 몸 널 집 한 칸 마련하지 못하는 거예요. 그러니까 일을 계속 할 이유, 회사를 계속 다녀야 하는 이유를 찾기가 힘들어지죠. 그래서 리더는 밀레니얼 세대들에게 확실한 비전을 제시해야 합니다. 그렇지 않으면 이 사람은 여기에 있을 필요가 없게 되는 거예요.

요즘 회사 안에서 일어나는 세대 갈등에 대해 이야기 해볼까요? 밀레니얼 세대들은 "라떼(나 때)는 말이야."라는 말을 정말 싫어해요. 리더들이 "우리 때는 몸 바쳐 일했어." 이런 얘기를 하잖아요? 그러면 입바른 젊은 직원들은 "그래서 부장님은 강남에 아파트 사셨잖아요. 저희는 몸 바쳐 일해도 강남 아파트 전세도 못 들어가요." 이렇게 말해요. 할 말이 없어지죠. 이들은 '조직이 나아갈 방향(비전)과 나의 목표'가 일치하지 않으면 나가요. 그런데 우리나라 대부분의 기업들은 그 방향을 가지고 있지 않는 겁니다.

H보험사에 강의를 하러 갔는데, 어떤 부장님이 말씀하시는 거예요. "입사 일주일 만에 문자 메시지로 못 나오겠다고 통보하는 직원은 대체 어떻게 해야 하나요?" 그 회사가 초봉이 6000만 원대거든요. 월급에 불만이 있는 건 아닐 텐데, 대체 우리가 뭘 잘못했기에 도망치듯 나가냐 이거죠. 이렇게 퇴사하는 사람들이 더 좋

은 직장으로 옮기냐? 예전에는 그랬어요. 이제는 그런 것도 아니에요. 대기업 퇴사한 친구들은 모은 돈으로 유학 준비를 하고요, 중소기업 그만둔 친구들은 아르바이트 하면서 정부 보조금 받아요. 한 달에 150만 원, 200만 원 정도 벌면서 적당히 구직활동 해요. 적당히 벌면서 마음 편히 유유자적 살 수 있는데, 싫은 소리 들어가며 조직생활 할 필요를 못 느끼는 거예요.

제가 어떤 외국계 회사 코칭을 할 때였어요. 저와 업무 조율을 하던 30대 남자 직원이 갑자기 회사를 그만둔대요. 회사도 나름 안정적이고, 일도 잘하고, 업무 성과도 좋은 직원이었어요. "무슨 일 있냐?"고 물으니 셋째가 태어나서 당분간 육아에 전념하겠대요. 1~2년 있다가 아이가 좀 더 크면 다시 구직활동 할 거래요. 이렇게 일에 능숙한 직원이 갑자기 퇴사하게 되면 조직 입장에서는 손실이 큽니다. 그 회사 대표님이 이렇게 말씀하시더라고요. "잘 가르쳐서 이제 같이 일할 만하니까 그만둔다."고요. 그만큼 상실감이 크다는 뜻이겠죠.

리더들은 이런 이야기가 남의 일처럼 느껴지지 않으시죠? 이렇게 조직에 있어야 되는 이유, 즉 '우리 조직만의 비전'을 알리지 않으면, 밀레니얼 세대들은 너무 쉽게 이탈해버립니다.

비전에 대해
생각해보지 않은 리더들

여러분 각자 개인의 비전이 있으십니까? '비전'이라는 말이 너무 추상적이라면 이렇게 질문해 볼게요.

"10년 후에 어떻게 살지 명확한 그림이 있으신가요?"

10년 후의 모습을 떠올렸는데 가슴이 설레고 입꼬리가 올라간다면 지금 꽤 잘 살고 계신 거예요. 어떤 분들은 '가슴이 답답하다.' 심지어는 '등골이 서늘하다.'고까지 말씀하시거든요. 기껏해야 '내가 그때까지 대출을 다 갚았을까?', 혹은 '애들 대학교는 갔을까?' 이런 것들이 생각나신대요.

저는 조직의 비전을 이야기하기 전에 '리더 개인의 비전'부터 세워야 한다고 봅니다. 그래서 지금부터 '내 비전이 무엇일까?' 생각해보는 시간을 가지려고 해요.

비전은 하루아침에 만들어지는 게 결코 아니에요. 짧게는 6개월, 1년 이상 깊게 고민해야 하는 문제입니다. 물론 그 이상 걸릴 수도 있어요. 중요한 것은 '비전 한번 써보자'라면서 그 자리에서 당장 생각해낼 수 있는 문제는 아니라는 거죠.

'비전 같은 거 다 그럴듯한 거짓말이다. 소용없다.'고 하는 분도 계세요. 워크숍 가서, 즉석에서 나오는 비전은 진짜가 아니기 때문에 쓸모가 없는 거예요.

대학생들에게 비전 세워보자고 하잖아요? 그러면 하나같이 '어떤 분야의 No.1'이라고 적어요. 마치 짜고 쓴 것 처럼요. 입시나 취업 컨설팅 받을 때 그렇게 배우는 모양이에요.

10년 후에 대해 쓰는 미래 일기도 마찬가지예요. 마치 짠 듯이 다들 비슷하게 써요. 직장인 대상으로 이 과제를 내면 90%가 '회사를 떠난 자신의 모습'을 그려 와요. 대학생들은 '30평대 아파트, 중형차 이상 소유. 결혼해서 아이를 가진 모습'을 그려옵니다.

도대체 왜 이럴까 생각해보니 사회적으로 주입받은 거더라고요. 우리나라에는 아직까지 대학 졸업해서, 대기업에 취직하고, 30대 초중반에 결혼하고, 3년 안에 아이를 낳고…. 이런 것이 평균적인 인생이라는 생각이 있는 것 같아요.

그런데 이런 것들이 여러분의 가슴을 뛰게 하나요? 앞에서 제가 '10년 후를 떠올렸을 때 가슴이 설레면 좋다.'고 말씀드렸는데, 이런 상상은 오히려 나를 옥죄는 느낌이 들어요. 할 수 있을까 없을까 불안하고, 때로는 좌절감도 맛보게 되고요.

대학생들이 꿈꾸는 30평대 아파트요? 부모님 세대에는 평범한 비전이었지만, 지금은 엄청나게 큰 꿈이에요. 나의 꿈이 가슴 설레게 하지도 않으면서 실현 가능성은 낮고, 나를 초라하게 만들기만 한다는 걸 깨닫는 순간 절망하게 돼요. 지금 하는 일이 무의미하게 느껴지죠.

그래도 미래의 꿈을 말해봐라, 그러면 이런 공허한 말들을 반복해요. 마치 그것이 정답인 것처럼요.

40~50대 분들의 미래일기도 마찬가지예요. 남자들은 다 짜고 쓴 것처럼 전원주택에 사세요. 개 키우고, 연못 있고, 심지어 형제들이랑 모여 살아요. 그러면 제가 묻죠. '이거 아내 분과 협의 된 사항이냐?'고요. 막상 퇴직하고 그 꿈을 찾아 전원주택으로 가면 어떨까요? 많은 분들에게 지옥이에요. 도시에서만 살던 사람이 갑자기 시골에서 사는 것 쉽지 않거든요. 굉장히 오랫동안 준비하고, 현실적으로 계산해 본 사람들만 가능해요.

우리나라 대부분의 직장인들이 이런 '주입된 비전'을 가지고 삽니다. 우리는 사실 '어떤 모습으로 살아야겠다.'에 대해 많이 생각하지 않아요. 그래서 이번 기회에 '진짜 내 가슴을 뛰게 하는 비전'을 한 번 생각해보자는 거예요. 주입받은 것이 아니라 내 안에서 끓어오르는 그런 비전이 말이에요.

그러면 비전의 특성부터 이야기해보겠습니다.

1. 비전은 감성적인 것입니다.

좋은 비전은 이성적으로 재고 따져서 '그게 좋겠다.' 하는 것이 아니에요. 감성적으로, 가슴이 뛰고 감동이 있어야 합니다. 그래서 비전을 세우고 나면 '머리가 아닌 가슴에 물어보라.'고 말해요.

저는 비전을 이야기할 때 여행과 비교합니다. 20대 때 저는 '오로라'에 대한 환상이 있었어요. 텔레비전이나 책에서 볼 때마다 가슴이 뛰더라고요. 돈만 벌면 제일 먼저 오로라를 보러 가겠다고 다짐했어요. 그런데 막상 회사에 들어가고, 일을 하다 보니 설렘이 줄어들더라고요. 비행기도 오래 타야 하고, 운이 없어 못 볼수도 있대요. 이런 이야기를 들으니 현실적인 생각을 하게 돼요. 가기만 하면 볼 수 있는 것도 아니구나. 그럼 오래 체류를 해야겠구나. 내가 휴가를 얼마나 낼 수 있지? 비행기를 몇 시간 타야 하지? 오로라는 이제 저에게 더 이상 가슴 뛰는 이야기가 아닌 거죠. 상상만 해도 가슴이 뛰던 20대 때 오로라는 제 비전이었겠죠. 하지만 30대가 되어서는 아니었어요. 이렇게 비전은 완전히 주관적인 것입니다.

좋은 비전은 '평소에 하지 않는 이상한 짓을 하게 만든다.'고 해요. 설레고 가슴 뛰는 일을 좇다 보면 내가 생각하지 못했던 어떤 역량들이 튀어나오기 때문이죠. 조직 차원에서는 구성원이 'going extra-miles(조금 더 노력하게)'하게 만드는 게 비전입니다.

'불광불급不狂不及'이라고 하잖아요. 미치지 않으면 도달 할 수 없다고요. 미치게 하는 게 이 비전입니다. '나 너무 하고 싶어!', '그게 꼭 됐으면 좋겠어!' 같은 감정을 불러일으키죠.

2. 비전은 선명하고 감동적이어야 합니다.

비전은 영화의 한 장면을 보는 것처럼 생생해야 합니다.

미국의 자동차 회사 포드ford 다들 아시죠? 이 회사의 창업주인 헨리 포드는 40살이 넘어 창업을 했어요. 당시는 우마차가 주 교통수단이었고, 아주 비싼 고급 수제 자동차를 길에서 일주일에 한 번 볼까 말까 하던 시절이에요. 포드는 창업을 하면서 "월급쟁이가 탈 수 있는 자동차를 만들겠어."라고 말해요. 그러면서 "내 꿈이 이뤄지면, 도시의 많은 노동자들이 주말이면 가족과 함께 자기 차를 타고 교외에 나가 신이 주신 아름다운 자연을 즐길 수 있을 거야. 도로는 자동차로 꽉 차겠지. 차가 많아지면 빨리 달릴 수 있는 넓은 도로도 생길 거야."라고 아주 구체적이고 선명하게 비전을 세웁니다.

우리도 이렇게 생생하게 10년 후를 그려야 해요. 막연하게 '어떻게 살겠다.'가 아니라, '사람들이 나에 대해 뭐라고 이야기하고, 나는 어떤 옷을 입고, 어떤 머리 모양을 하고, 어떤 집에 살며, 일과의 대부분을 어떤 일을 하며 보내고….' 이렇게 영화의 한 장면처럼 그려져야 해요.

'비전'이라는 단어가 '보다'라는 뜻이 있다고 말씀드렸죠? 여러분이 미래에 대해 상상하면, 뇌의 시각을 담당하는 부분이 반응하여 활성화돼요. 생생하게 그리면 뇌가 그것을 간접 경험하는 겁니다. 멈추지 않고 계속 상상하면 뇌는 그것을 점차 현실로 인식하게 되고, 나중에는 그게 진짜처럼 느껴지게 되고, 그렇게 되면 상상을 현실로 이룰 가능성이 높아져요.

'생생하게 상상하는 것'에는 또 하나의 장점이 있어요. 내가 원하는 것이 눈앞에 왔을 때 빠르게 잡아 챌 수 있다는 것입니다. 비전을 생생하게 그리다가도 어느 순간 잊어버릴 수도 있어요. 하지만 뇌는 그것을 다 기억한다고 해요. 심리학자 프로이트Sigmund Freud는 '인간은 영아와 유아기 때의 기억도 무의식 속에 보존한다.'고 했죠. 생생하게 그린 비전은 무의식 속에 저장되어 있다가 비슷한 정보가 들어오면 빨리 캐치할 수 있게 돕습니다. 뇌가 '지금 나에게 필요한 것!'이라는 신호를 보내는 거죠.

또한 비전은 감동적이어야 합니다. 개인주의가 팽배한 사회라고들 하지만, 대부분의 인간은 자신의 영달만을 위해 살지 않아요. 나 혼자 잘 먹고 잘사는 것보다는 선한 영향력을 끼치며 사는 삶에 더 큰 의미를 부여합니다. 인간에게는 다른 사람들과 잘 지내고 싶고, 다른 사람을 돕고 싶은 욕구가 있기 때문이에요. 그래서 선한 영향력을 끼치고자 하는 의지가 비전에 들어 있을 때 훨씬 더 힘을 받게 됩니다. 이런 요소는 때로 다른 사람이 나의 비전에 동참하게 만들기도 하죠.

진화론적으로도 다른 사람을 돌보고자 하는 욕구가 없는 사람은 도태될 수밖에 없어요. 인간은 생후 2~3년 정도의 돌봄이 없으면 죽거든요. 네 발 짐승은 태어나 한 시간 안에 못 일어나면 죽습니다. 어미젖도 자기 발로 찾아가 물어야 해요. 인간은 그럴 능력이 없죠. 그러면서도 만물의 영장으로 살고 있어요. 그게 어떻게 가능했냐? 서로 돌보며 살았기 때문이에요. 나는 돌보지 않는, 돌봄의 욕구가 없는 사람이다? 그 사람은 적자생존適者生存에서 적자適者가 될 수 없습니다.

'요즘 젊은 세대는 이기적이다.'라고 많이들 얘기하죠. 저는 얼마 전 경험을 통해 꼭 그렇지도 않다는 생각이 들었어요. 모 회사에서 30대 초반 과장 진급자를 대상으로 워크숍을 했어요. 끝 무렵에 "오늘 소감을 말씀해주세요. 발표하는 분께 10만 원 상당의 커피 상품권을 드리겠습니다!"고 말하니 아무도 손을 안 들어요. 그래서 "소감을 말씀하신 분이 있는 조에 상품권을 나눠 드리겠습니다." 했거든요. 그랬더니 여기저기서 손을 막 드는 거예요. 내가 누군가한테 선물을 줄 수 있다는 생각에 꺼리던 일에도 나서는 거죠.

우리 사회는 언뜻 보면 더 많이 취하기 위해 혈안이 되어 있는 것 같지만, 실제로는 그렇지 않아요. 인간은 나눌 때 더 큰 기쁨을 느끼죠.

같은 맥락에서 비전에 '내가 다른 사람에게 어떤 영향을 끼칠 것인가?', '이 사회에 내가 무엇을 기여할 것인가?'가 들어 있으면 큰 힘을 받을 수 있어요. 너무 거창하게 느껴진다면 '내 가족에게 어떤 영향이 있을 것인가?'를 생각해봐도 좋습니다.

우리 선배 세대는 가족을 건사하는 것이 비전의 필수 요소였어요. 그래서 '나는 고생해도 내 자식은 공부 다 시켜 나처럼 살지 않게 하겠다.'는 마음으로 평생을 사신 부모님이 많죠. 대한민국의 엄청난 경제 발전, 전 세계에서 전례를 찾아볼 수 없는 경제 발전을 이루는 데 우리 부모님들의 그런 비전이 큰 역할을 하지 않았을까 생각해요.

감동적인 비전을 이야기할 때 빠지지 않는 것이 애플의 창업자 스티브잡스Steve Jobs의 사례입니다. 잡스는 애플에서 쫓겨났었죠. 그랬다가 돌아와 기술자들을 설득하며 한 말이 "Make a dent in the universe(우주에 흔적을 남기자)."였습니다. 기술을 개발하는 사람으로서, 인류사에 도움 되는 일을 해보자는 것이었어요. 결국 스티브잡스의 비전은 '아이폰'으로 현실이 됐어요. '내가 만든 기술로 사람들의 생활이 편해진다. 세상이 달라진다.' 가슴 뛰지 않나요? 이런 감동 있는 비전은 함께 하는 사람들을 움직여요.

더불어, 비전에 집중하면 불안감도 낮아집니다. 어떻게 비전을 이룰 것인가에 포커스를 맞추기 때문이죠. 비전은 '내가 어디로 가야 하지?'라며 우왕좌왕 할 때 길을 비춰주는 등대 같은 존재입니다.

리더들이 이런 비전을 제시해야 사람들이 조직을 떠나지 않습니다. 그런데 많은 리더들이 이렇게 말씀하세요. "저는 비전이라는 것이 딱히 없었는데도 이 자리까지 왔는걸요." 네. 그럴 수 있습니다. 그때그때 주어진 일만 잘 해내도 충분히 리더 자리에 갈 수 있죠. 그런데, 리더가 되면 좀 달라요. 사람들이 나에게 비전이 뭐냐고 묻거든요.

비전에 대해 묻는 직원을 만나본 적 없으시다고요? 그럼 "이 일을 왜 해야 하죠?"라는 질문은 받아보신 적 있죠? 이게 바로 비전을 묻는 겁니다. 따지는 게 아니라 궁금해서 묻는 거예요. 이런 질문을 하는 사람들이 일 잘하는 사람들이에요. 일 못하는 사람들은 그런 거 관심 없어요. 이 조직에 비전이 있던, 미션이 있던 상관없어요. 시간만 지나면 월급 받을 수 있으니까. 그런데 이런 것을 묻는다는 건 '이 조직의 비전이 나의 비전과 맞는지 보겠다.'라고 생각하는 거거든요. 그런데 리더가 명쾌한 답을 주지 못한다? 그러면 일 잘하는 사람들은 다 나가요. 조직은 힘이 없어지고요. 이런 이유로 내가 여태까지는 비전 없이 살았어도 리더가 되면 반드시 비전을 가져야 하는 겁니다.

리더가 해야 하는 가장 핵심적인 일이 결국 '비전 제시'입니다. 이것만 확실히 잘하면 이루는 일은 리더의 비전을 따르는 구성원들이 알아서 해냅니다.

3. 'BHAG Big, Hairy, Audacious, Goal' 4가지 요소를 갖춰야 합니다.

짐 콜린스 Jim Collins 라는 저명한 경영 컨설턴트가 있죠. 그가 쓴 《성공하는 기업의 8가지 습관》이라는 책 많이들 읽어보셨을 거예요. 100년 기업을 연구한 내용인데요, P&G, 코카콜라, GE 같이 오랫동안 최고의 자리를 유지하는 기업들을 연구했어요. 그 결과 공통점을 찾았는데요, 비전에 몇 가지 핵심 요소가 들어 있더라는 겁니다.

책에서는 'BHAG'라는 약자로 설명하고 있어요. B는 'Big' 말 그대로 크다는 의미고요, H는 'Hairy' 털이 삐쭉 솟을 만큼 소름 돋는다는 뜻이에요. A는 'Audacious' 담대하다, G는 'Goal' 목표를 뜻합니다. 비전은 크고, 소름 돋고, 담대한 목표여야 한다는 거예요. 이것을 미국의 오래된 기업들 사례를 통해 설명하는데요, 책을 통해 볼 수 있는 내용보다는 우리나라 기업에서 겪은 제 경험을 바탕으로 말씀드릴게요.

제가 2000년에 삼성전자에 입사했거든요. 당시 삼성전자의 비전은 '상생과 초일류'였어요. 저는 '초일류'라는 단어를 처음 봤어요. 그래서 선배에게 물었더니 '일류를 넘어서는 것'이래요. 그때만 해도 삼성전자가 이제 막 이류에서 벗어난 이미지였어요. 당시 전자제품은 금성(지금의 엘지전자)이 최고였어요. 그런 회사가 무슨 일류도 아니고 초일류를 얘기하나, 라는 생각에 저는 좀 웃겼어요. 그런데 이 회사가 15년 후에 '이게 초일류야.'라며 세계 제조업 1위로 올라섭니다. '초일류'를 실현시킨 거죠.

또 신입사원 교육을 할 때 인사 팀장님이 '5년 안에 소니SONY를 따라잡고 10년 안에 소니를 넘어서는 게 회사의 비전'이래요. 2000년의 소니는 지금의 애플 같은 회사였거든요. '세계적으로 명망 있고 기술력도 뛰어난 회사인데 삼성이 따라잡는다고? 말도 안돼.' 이렇게 생각을 했는데 3년 안에 매출로 따라잡았습니다.

비전은 이렇게 말도 안 되는 일을 되게 합니다. 그래서 비전은 조금 더 해서 이룰 만한 것이 아니라, 듣는 사람이 "말도 안 돼!"라고 할 만큼 황당무계한 것이어야 해요.

저는 대학원에서 강의를 하거든요. 그런데 어느 날 중소기업을 운영하는 학생이 찾아왔어요. 얼마 전 종업원 90명 정도 되는 회사를 인수했는데, 임원들을 코칭해달라고요. 서너 번 정도 인수합병에 실패한 경험이 있는 회사였는데, 기회가 좋아서 싸게 인수했대요. 직원들의 사기가 저하된 상태인데, 임원 코칭을 통해서 새로운 기운을 불어넣고 싶대요.

제가 가장 먼저 무슨 말을 했을까요? 맞아요, '비전'의 중요성에 대해 말했죠. 두 개였던 회사가 힘을 합쳐 나아갈 수 있을 만한 좋은 비전이 필요했어요. 다행이 "잘 알고 있습니다. 비전 선포식 날짜까지 잡아 놨습니다." 이렇게 말씀하시더라고요. 안심하고 있었는데, 어느 날 전화가 왔어요. "교수님 큰일 났습니다. 내일이 비전 선포식인데 비전을 못 정했어요!"

그러면서 저에게 비전을 정해달라는 거예요. 너무 다급하게 말씀하셔서 고민도 못하고 몇 가지 질문을 했어요.

"지난 해 매출이 얼마였어요?"

그랬더니, 201억 원이래요. 그것 하나만 듣고 문자 메시지를 보냈어요.

'2017년 연 매출 500억 원 달성, 2020년 대기업 입성'

여기에서 고쳐서 쓰시라고요. 그리고 임원 코칭을 갔는데 토씨 하나 틀리지 않고 이 말을 그대로 걸어 놓은 거예요. 너무 성의 없다고 느껴지죠? 저는 그 회사 재무제표를 본 적도 없고, 뭘 하는 곳인지도 몰랐는데 말이에요.

여튼 제가 숙고하지 않고 내뱉은 말이 그 회사의 비전이 됐어요. 그런데 말도 안 되는 일이 일어났어요. 그 해에 576억 원 매출로 마감을 한 거예요. 그 회사가 제조업 하는 곳이었거든요. 4월에 이미 500억 원 넘게 수주를 받았대요. 제가 그 학생에게 물었어요. 대체 어떻게 한 거냐고요. 그런데 "저도 모르겠어요. 급하게 만든 비전을 걸어 놓은 것 밖에 없는데…" 하는 거예요. 비전을 거는 순간에도 이루어질 거라 기대하지는 않았대요. 그저 다른 회사도 다 있는 비전이 우리 회사에도 생기는구나, 생각했다는 거죠. 그런데 자꾸 보니까 '저게 이루어지면 좋겠다.'는 생각이 들더래요. 그러면서 계속 방법을 고민한 거예요.

어느 날은 저에게 전화가 왔어요. 방법을 찾았다고요. 인수합병을 할 계획이래요. 그런데 얼마 후에 법이 바뀌어 무산됐어요. 엄청 낙담했겠죠? 그런데 그럴수록 '내가 꼭 되게 만들겠다.'는 생각이 강해지더랍니다. 그렇게 여러 모로 혁신적인 방법을 동원하게 되었고, 결국에는 4개월 만에 그렇게 엄청난 일을 해냈어요.

저는 어느 기업이든 임원 코칭을 할 때 '미래에 대해 계속 상상하라.'고 주문해요.

"대표님, 10년 뒤 이 회사의 모습이 어땠으면 좋겠어요?", "대표님의 자녀가 이 회사에 대해 말할 때 뭐라고 이야기했으면 좋겠어요?"라고 물어요. 그러면 사옥을 짓고 싶다, 옥상에 바비큐장을 만들고 싶다, 주목받는 기업으로 언론에 나오고 싶다 등등, 많은 이야기가 나와요. 이런 얘기를 할 때 뇌는 간접 경험을 하는 거예요. 점점 희망과 열망이 높아지고, 결국에는 진짜처럼 느껴져요.

대표의 비전이 확실하면 직원들도 움직일 수 있습니다. "대기업에 가고 싶어 하지 말고, 우리 회사를 대기업으로 만들자."고 자신 있게 말할 수 있죠. 당연히 직원들은 의아해 할 거예요. 그런데 대기업 되는 건 간단해요. 매출만 키우면 되거든요. 대기업이라는 게 규모가 큰 기업을 말하는 거잖아요.

저는 세일즈 하는 분들에게 강의할 기회도 많았어요. 대부분 세일즈맨들의 목표는 '돈을 많이 벌고 싶다.'예요. 그래서 비전도 '매출 얼마'로 얘기하는 분들이 많습니다. 그런데 숫자는 별 의미가 없어요.

누구나 '얼마만 벌면 진짜 소원이 없겠다.' 이런 꿈의 금액이 있어요. 그런데 그 꿈의 금액 달성하면 어때요? 한 달 정도 좋다가 그게 많은 돈처럼 느껴지지가 않아요. 오히려 '더 벌면 좋겠다.' 하는 생각이 들죠. 그래서 숫자로 된 비전은 추천하지 않아요. 딱 한 번 정도 매출 얼마 찍어 보자, 전국 1등 해 보자 하는 거고요, 그 다음에는 질적인 것들을 비전으로 가져야 해요.

동영상 하나 보고 가죠. 1990년 스티브 잡스의 인터뷰예요. 1990년은 우리나라에 인터넷이 거의 사용되지 않을 때예요.

그야말로 'hairy' 하지 않습니까?

CEO 대상 강의를 하면서 "어떤 능력을 갖고 싶냐?"고 물으면 '미래를 예측하는 능력을 갖고 싶다.'는 답이 가장 많이 나옵니다. 그럴 때마다 저는 스티브 잡스의 이 영상을 보여드리면서 말해요. "미래는 예측하는 것이 아니라 만드는 것입니다."

앞에서 불확실성에 대해 오랫동안 말했지만 미래가 어떻게 될지는 아무도 알 수 없어요. 그래서 방향성이 중요한 거예요. '뭘 해야겠다.'라고 한 점을 딱 찍고, 쭉 나아가는 거예요. 주변 환경에 신경 쓰기보다는 내가 가고자 하는 방향에 포커스를 맞추자는 거죠.

스티브 잡스는 오래 전부터 남다른 비전을 가지고 있었어요. 펩시의 사장이었던 존 스컬리John Scully가 애플에 합류한 것도 이 확고한 비전 덕분이었습니다. 잡스는 존 스컬리를 영입하기 위해 이렇게 설득했다고 하죠.

"Do you want to sell sugared water for the rest of your life? Or do you want to come with me and change the world?" (인생이 끝날 때까지 설탕물이나 팔겠습니까, 아니면 나와 함께 세상을 바꾸겠습니까?)

다들 아시다시피 스티브 잡스는 독선적인 경영 방식 때문에 자신이 만든 회사 애플에서 쫓겨나죠. 그리고 1993년에 복귀하는데요, 돌아와서 "make a dent in the universe.(우주에 흔적을 남기자.)"라며 다시 한 번 비전을 선포했습니다. 그리고 '연봉을 1달러만 받겠다.'고 말하죠. 이런 자신만만하고 확신에 찬 행보의 배경을 저는 '담대한 비전'이라고 봅니다.

아무튼 스티브 잡스는 2006년에 아이폰을 발표하면서 인류의 역사에 흔적을 남깁니다. 그런데 여기에서 재미있는 사실이 있어요. 아이폰에 들어간 각각의 기술은 삼성과 엘지가 먼저 개발했다는 거예요. 그런데 어떻게 애플이 먼저 스마트폰을 출시했냐? 스티브 잡스는 기술력보다 중요한 '방향성'을 가지고 있었거든요. 머릿속에 큰 그림이 있었기 때문에 막 개발된 최신 기술을 응용해 아이폰을 만들어낼 수 있었던 겁니다.

애플이나 삼성 이야기는 너무 멀게 느껴지실 수 있어요. 이제 개인의 비전 이야기를 해볼게요.

제가 처음 강의할 때 만났던 학생 중에 아직도 만나는 친구가 있어요. 오늘처럼 비전에 관련된 이야기를 한 날인데, 강의를 듣는 이 친구 얼굴이 막 상기되는 거예요. 수업이 끝나자마자 저를 찾아와서 "교수님, 오늘 강의를 듣고 비전이 생겼어요." 해요. 뭐냐고 물으니 대학 교수가 되고 싶다는 거예요.

제가 강의하던 학교가 서울에 있는 중위권 대학이었는데요, 솔직히 말하면 교수가 되기는 쉽지 않은 학력이에요. 그런데 진지하게 어떻게 커리어 플랜을 짜면 좋을지 묻기에, "일단 서울대 대학원을 가는 게 좋겠다."고 말해줬어요.

이 학생이 서울대 대학원 준비를 하는데, 아버지 직장의 상황이 어려워졌대요. 학비를 직접 벌어야 될 상황에 놓인 거죠. 그래서 100% 장학금을 주는 모교 대학원에 갔어요. 그리고서 유학 준비를 하더라고요.

그 친구가 한참 지나고 나서야 저에게 얘기하기를, 그때 사람들이 자기를 엄청나게 조롱했대요. '취업을 못하니까 유학 간답시고 저러고 있다.', '유학 가는 척만 하는 거다.' 하면서 엄청나게 깎아내렸다는 거죠. 그런데 결국은 석사 과정 마칠 무렵에 미국 박사 과정에 합격한 거예요. 입학 허가를 받고서 자기 SNS에 감상을 담은 글과 함께 "나는 오늘 드디어 합격증을 받아서 미국으로."라고 올렸더라고요. 밑에 또 조롱하는 댓글이 달렸대요. '아이고, 유치하다.'고요. 주변 사람들이 그러건 말건 신경도 안 쓰이더래요. 그 순간을 위해 힘들게 대학원 생활을 하고 유학 준비도 한 거였으니까요.

그렇게 미국에 있는 학교에 입학을 했고, 꿈꿔왔던 길인 만큼 학교생활도 열심히 했대요. 그때 기회가 찾아왔어요. 학위도 받기 전에 뉴욕에 있는 학교에서 정식 교수로 제안을 받은 거예요. 연봉이 한화로 2억 원이 넘더래요. 꿈이 이뤄진 순간이죠. 그 다음부터는 한국 학교에서도 연락이 오기 시작하더래요. 미국 학교에서 교수가 되니까 모교에도 소문이 난 거죠.

지난 가을에 뉴욕에서 이 친구를 만났는데 자기가 유학 간다고 했을 때 가라고 찬성한 사람이 석사 과정 지도 교수님하고 저 딱 둘밖에 없었대요. '되도 않는 얘기다. 우리 학교 나와서 어떻게 교수를 하냐?' 이렇게 말하기도 하고, 취업이나 하라고 하고.

누군가의 현재 모습만 보고, 거기에 한정지어 평가한다면 '꿈'이니 '비전'이니 하는 것들이 모두 허무맹랑하게 들리겠죠. 그런데 '너는 더 큰 것을 할 수 있어.'라고 말하고, 지지해주면 그것이 어느 날 현실이 됩니다.

리더는 자신의 비전도 찾아야 하지만, 상대의 비전을 지지하고 응원하는 역할도 해야 해요. 누군가의 비전이 너무 비현실적으로 보이더라도 결코 비웃거나 의심해서는 안 돼요. 저는 정말 말도 안 돼 보이는 꿈도 이루어지는 걸 많이 봐왔거든요.

물론 리더의 지지도 받고 본인도 최선을 다했는데 결과가 좋지 않을 수 있어요. 그때 리더는 '지지해 준 고마운 사람'이 되는 거예요. 그래서 저는 누구의 어떤 비전이든 무조건 응원해줍니다.

비전을
현실화하기

자, 비전을 세웠으면 그쪽을 향해 나아가야겠죠? 비전을 현실에서 어떻게 작동시킬 수 있을까요?

10년 후의 모습을 구체적으로 그려서 우리 조직의 비전을 만들었어요. 그러면 이제 위에서 아래로 퍼트려서, 구성원들이 실현할 수 있게 해야 합니다.

리더가 비전을 선포하면 구성원들은 '나는 뭘 해야 할까?'를 고민하며 좌충우돌해요. 가장 먼저 일어나는 현상이 뭔가를 많이 하려고 하는 겁니다. '비전을 이루기 위해서는 뭐든지 잘 하는 게 많아지면 좋겠지.' 생각하는 거예요. 그런데 사실은 그렇지 않아요.

가장 효율적인 방법은 '비전, 가치, 목표'를 명시화하고, 그에 따른 핵심 업무가 무엇인지 정의하고, 우리 조직이 그 핵심 업무를 성공적으로 수행하기 위해 필요한 핵심 역량을 가지고 있는지 파악하는 거예요. 역량이 부족하면 사람을 뽑거나 교육을 시키면 되죠.

또 하나 중요한 것은 조직의 구성원들이 회사 전체의 비전과 연결된 개인의 비전을 가지는 거예요. 제가 삼성전자에 입사했을 때, 사수였던 차장님이 이런 말을 하시는 거예요.

"현정 씨, 우리 회사에서 인사팀은 한직이에요. 교육부서는 더더욱."

어렵게 학위 받고 들어온 첫 직장에서 그런 말을 들으니 멍해지더라고요. 그런데 연타가 날아와요.

"우리 팀에서 제일 높은 사람 부장님이죠? 부장님 밑에 직원 11명이에요. 이 직원들 승진해봐야 부장이야. 임원 아니면 길어야 회사 생활 15년인 거 알죠? 우리 부서는 임원이 없으니 수명이 정해진 거나 마찬가지예요."

여기까지 들으니 별 생각이 다 들더라고요.

"그런데 생각해봐요, 우리가 그런 취급 받으려고 이 회사 들어온 건 아니잖아? 다행인 건 우리가 여러 가지 일을 한 덕에 영향력 있는 부서가 되어가고 있어요. 현정 씨 같은 똘똘한 신입도 들어오고 말이야. 지금이 기회라 생각하고 더 커야 돼. 교육 팀이 더 크려면 연수원을 지어야 해요. 연수원이 생기면 원장으로 보통 부사장 급인 인사가 들어가요. 그러면 그 밑에 임원이 몇 명 필요하겠지? 우리가 연수원에 임원으로 들어갈 수 있는 거야."

실제로 그 조직은 성장하고자 하는 욕구가 넘쳤어요.

"연수원 짓는 데 몇 백 억 원 예산이 필요해요. 그래서 우리가 해야 할 일이 있어요. 연수원을 지어 직원을 교육시킬 가치가 있다는 걸 보여주는 거야. 교육을 통해 매출이 오를 수 있다는 걸 증명해야 한다고."

저도 모르게 고개를 끄덕이고 있었습니다.

"우리 팀은 지금 좋은 교육 프로그램을 연구하고 있어요. 그래서 우리 교육부서는 '교수 조직'이라 생각하고 일해야 돼. 현정 씨는 오늘부터 교수야."

이렇게 차장님 말 한마디로 순식간에 제가 교수가 됐어요.

"자, 이제 뭘 할 수 있을까?"

질문을 받자마자 머리가 굴러가기 시작했어요.

"저는 심리학을 공부했고, 심리 검사도 해 봤고…."

이런 저런 이야기를 하다가 MBTI 검사 이야기가 나왔어요. 당시에 그게 유행이었거든요. 성격유형 검사를 통해 개인에게 맞는 리더십을 개발하는 거죠.

"잘 됐네! MBTI를 가지고 리더십 교육 개발 프로그램을 짜봅시다."

그렇게 당시 우리나라에서 MBTI에 대해 제일 연구 많이 하신 선생님과 강의안을 100장 넘게 만들었어요. 아직도 강의할 때 잘 쓰고 있습니다.

저는 27살에 리더십 강의를 시작했어요. 당시에 제가 강의를 시작하면 다들 깜짝 놀랐어요. 너무 어려서요. 당연히 저에게도 두려움은 있었죠. 하지만 해낼 수 있었던 건 제가 속한 조직의 비전이 있었기 때문이에요. '초일류'라는 회사의 비전이 있었고, 그것을 달성하기 위해 우리 팀에는 '매출에 직접적으로 기여하는 훌륭한 조직, 꼭 필요한 조직이 된다.'라는 비전이 또 있었어요. 그렇게 목표, 가치, 비전을 이야기하면서 구체적인 'KPI(Key Performance Indicator)'가 나왔죠. 그 팀의 KPI는 무엇이었을까요? 맞아요, '연수원 짓기'예요.

KPI를 달성하기 위해 구성원 각자가 핵심 업무를 정해요. 좋은 교육 프로그램을 만드는 게 당시의 저의 핵심 업무였어요. 교육과 심리학 공부를 오래 한 저의 핵심 역량을 가장 잘 발휘할 수 있는 분야였으니까요. 그런데 막상 프로그램을 개발하려고 보니, 저에게 '리더십'에 대한 지식이 없는 거예요. 정보를 찾아보니 연세대학교 MBA 과정에 리더십 강의하는 분이 있는데 그 분을 찾아가서 청강을 부탁했어요. 그렇게 수업 들으며 교육안을 만들었어요.

비전은 이렇게 이루어지는 겁니다. 결과적으로 삼성전자는 연수원도 지었고, 초일류 회사도 되었죠. 하루아침에 된 건 아니고, 15년 정도 걸렸는데 그 정도면 대단하죠.

최근에 어떤 회사에서 비전을 세우는 코칭을 했어요. 임직원들이 모여서 목표, 가치, 비전을 세우고 나니까 곧바로 나오는 얘기가 '인재상이 필요하다.'는 거예요. 아무나 좋은 학교 나온 사람을 뽑는 게 아니라, 우리의 비전에 동의하고 그것에 힘을 보태서 한 방향으로 나아갈 사람을 뽑아야 된다고 그렇게 말해요.

맞습니다. 조직의 비전과 목표가 있고 그 아래의 요소들이 쫙 정렬될 때 가장 효과적으로 무언가 이루어질 수가 있고요, 또 잘할 수 있게 되죠. 일을 하다가 막힐 때 기준 삼을 만한 확실한 것이 생기니까 잡생각이 별로 나지 않아요. 불안이 낮아지는 거예요. 실패했을 때도 좌절하는 것이 아니라, '이걸 어떻게 해결하고 비전을 향해 나아갈 것인가?'에 포커스를 맞추게 됩니다.

하부 조직에는
구체적인 비전이 필요하다

비전이 없는 회사는 심장이 없는 사람하고 똑같아요. 경제가 다 같이 성장을 하던 성장기에는 사실 비전 같은 게 중요하지 않았어요. 이렇게 저렇게 떠밀려가다 보면 돈 벌고, 회사도 키울 수 있었죠. 그런데 요즘 같은 저성장기에는 이게 정확하지 않으면 회사가 동력을 잃습니다.

BHAG의 요소를 갖춘, 전사적인 측면에서의 비전은 다소 모호한 면이 있어요. 회사의 지향점을 이야기하는 거니까 그럴 수밖에 없습니다. 그러나 각각의 부서는 달라요. 일하는 사람들 단위에서는 '우리가 무엇을, 어떻게 해야 하는지' 좀 더 세부적으로 목표, 가치, 비전을 세울 수 있습니다.

제가 IT 기업의 개발 부서를 코칭하고 있는데요, 그 부서는 여기저기서 요청하는 것을 받아 처리하는 역할을 많이 해요. 그러니까 본인들을 '서포트직'이라고 정의하고 있더라고요. 그런데 리더는 '우린 서포트 조직이 아니야. 우리는 목적 조직이 될 거야.' 이렇게 얘기하는 거죠.

"시키는 대로 구현해주는 개발자가 아니라, 내가 손을 대면 뭐든 엣지^{Edge} 있어지고, 나와 함께 하면 더 훌륭한 알고리즘이 나온다는 믿음을 줘야 해요. 그러면 다른 개발자가 아닌 우리 팀을 찾아오겠죠."

팀장의 비전이 이루어지면 이 부서는 일을 '골라서' 할 수 있을 겁니다. 하기 싫은 일은 구지 안 해도 되고요. 성과 날 만한 알찬 프로젝트에 참여해서 팀 실적도 팍팍 올릴 수 있겠죠. 점점 이 팀에서 일하고 싶어 하는 사람들이 많아질 테고, 인재가 모이는 선순환이 일어날 수 있습니다.

코칭을 시작하고 나서 한 달에 한 번씩 조직 문화를 체크하는데 양적, 질적 수치가 모두 수직으로 상승하고 있어요. 이렇게 비전이 확실해지면 업무 만족도가 굉장히 높아져요. 그런데 비전이나 목표가 없으면 이것도 불만이고 저것도 불만이에요. 다른 회사랑 비교해서 복지 제도가 부족하다, 다른 거 다 필요 없으니 월급이나 올려줬으면 좋겠다 같은 말이 계속 나오는 거죠. 무엇을 추구해야 되는지 모를 때 이런 말이 나와요. 그래서 구성원들의 불만이 터져나올 때는 하나하나 해결하려 들기보다 조직의 비전이 잘 전달되고 있는지를 먼저 체크해야 돼요.

오류가 있으면 다시 명확히 비전을 공유하고, 하부 조직까지 방향 정렬을 한 뒤에 에너지를 응축해서 다시 나아가야 합니다.

미래 일기
쓰기

비전을 효과적으로 만드는 방법으로 '미래 일기'도 추천합니다. 앞에서 '생생하게 상상하라'고 말씀드렸는데요, 그런 식으로 5년 후 혹은 10년 후 나와 우리 회사에 일어났으면 좋겠는 일을 이미 일어난 일처럼 쭉 써보는 겁니다.

중요한 건 '모든 것이 완벽하게 이루어진다.'는 전제예요. 사람들은 꿈이나 비전을 갖는 것에 대해 두려움을 갖고 있어요. '안 될 거야.' 혹은 '내가 감히 어떻게….'라고 생각하는 거예요. 또 꿈이 이루어지지 않으면 실망을 하게 되잖아요? 나도, 주변 사람들도 모두. 그래서 실망시키면 안 되니까, 실망하기 싫으니까 의도적으로 꿈을 크게 갖지 않으려는 경향이 있어요. 그런 생각은 버리고요, '내가 말하는 대로 모두 이루어진다면?'이라고 가정해야 돼요.

미래 일기 쓰다가 눈물 흘리는 분들도 많이 계세요. "네 주제에 이런 꿈을 꾼다고?" 같이 무시하는 말을 워낙 많이 들으며 살아서, 꿈을 꾼다는 그 자체만으로도 감격스러운 거예요. 미래 일기를 쓰다 보면 어떤 심리적인 장벽을 넘어서게 되는 것 같아요. 그래서 카타르시스도 느껴지고요.

그래도 여전히 미래를 그리기 어렵다면 2가지 질문에 답해보시길 권합니다.

첫 번째 질문은 "나와 함께 했던 사람들이 나를 어떻게 기억했으면 좋겠냐?"예요. 내가 세상을 떠나면 나의 가족, 나의 친구들, 함께 했던 동료들이 나를 어떻게 기억했으면 좋겠는지 생각해보세요. "그 인간 징글징글 했지만 성과는 좋았지." 또는 "돈 하나는 정말 잘 벌었어." 이렇게 기억되고 싶다는 사람은 한 명도 못 봤어요. 든든했던 동료, 같이 일하고 싶은 선배, 어려울 때 생각나는 사람. 이런 사람으로 대부분 기억되고 싶어 합니다. 지금 그렇게 살고 있나 돌아보면 대부분 그렇지 않거든요. 이렇게 다시 한 번 '좋은 리더십'에 대해 생각해보게 되는 거죠. '나와 함께 했던 사람들이 나를 어떻게 기억할까?' 이것도 비전의 일부가 됩니다.

미래 일기는 구체적이어야 한다고 말씀드렸는데요, 첫 번째 질문에 답했다면 두 번째 질문에도 답할 수 있습니다.

"그런 사람으로 기억되기 위해 나는 뭘 잘 하나? 나에게 없는 건 무엇인가? 나에게 없는 역량을 조달하거나 개발할 수 있는 방법은 무엇인가?" 이와 같은 질문을 통해 무엇을 어떻게 할지 구체적으로 그릴 수 있습니다. 부족한 역량을 개발하는 방법에는 여러 가지가 있어요. 교육이나 훈련을 통해 능력을 업그레이드할 수도 있지만,

사람을 뽑거나 누군가와 협업을 하는 방법도 고려해야 합니다. 아무리 뛰어난 사람이라도 하루아침에 원하는 모습의 리더가 될 수는 없으니까요. 가용할 수 있는 자원을 충분히 활용해 꾸준히, 지치지 않고 비전에 다가가는 것이 중요합니다.

밀레니얼 세대에게
조직의 비전이란?

회사의 비전이 세워지고, 그에 따라 각 하위 부서의 비전, KPI가 협의되면, 심리적 안전감이 생길 거예요. 특히 밀레니얼 세대들이 많은 조직이라면 이 과정이 아주 중요합니다.

앞 세대, 그러니까 베이비부머 세대들 같은 경우는 부모님들이 대부분 먹고 사는 데 바빴어요. 많이 배우지 못한 분들도 많았고요. 그래서 이렇게 비전을 제시하죠. "커서 훌륭한 사람 돼라." 그게 끝이에요. 훌륭한 사람이 어떤 사람인지, 그런 사람이 되려면 뭘 해야 하는지 같이 고민하지는 못했어요.

그런데 밀레니얼 세대들은 달라요. 부모님들이 정보도 많았고, 많이 배운 분들도 많고, 또 본인이 시행착오를 겪었잖아요. 그러다보니 꿈을 크게 갖지 못하게 막는 경향이 있어요. 대신에 자녀를 '마이크로 매니지먼트' 하며 키워요. 넌 이걸 못하니까 이 학원을 다녀라. 오늘 학원에서 몇 점 맞았어? 학습지는 어디까지 했어? 하는 식으로 아주 디테일하게 관리하죠. 그러면 사람의 그릇이 커질 수가 없어요. 회사에서도 똑같습니다. 리더가 마이크로 매니지먼트를 하면 구성원가 크지 못해요.

실수하고 실패하고 좌충우돌하고 그러면서 어느 날 더 잘할 수 있는 방법을 터득하는 거예요. 그 과정에서 '나에게 무엇이 더 필요하겠다.' 깨닫고 스스로 기술을 연마할 때 발전이 있죠. 여기저기 끌고 다니며 이렇게 해라 저렇게 해라 디테일하게 지시하면 생각하지 않고 기계적으로 일하는 사람만 됩니다.

그래서 리더는 비전만 확실하게 전달하고, 거기까지 가는 길, 그러니까 구체적인 방법론에 대해서는 개개인의 재량에 맡기는 '임파워먼트Empowerment' 방식을 권하고 싶습니다. 최고 리더가 중간 리더에게, 중간 리더가 구성원들에게 아무런 권한을 주지 않고 세세하게 마이크로 매니징하면 조직은 정체될 수밖에 없어요.

CASE STUDY 5

X세대와 Y세대 사이의 넓고 깊은 강 어떻게 해결할까?

한 회사의 간부가 기가 막힌 표정으로 물었다. "아니, 퇴사하겠다고 문자 메시지 하나 보내고 바로 다음 날 안 나오는 게 말이 되나요?" 연봉도 높은 편이고, 원하는 핵심 부서에 배치했다. 근무 조건도 나쁘지 않다. 이 간부는 도대체 뭘 어떻게 더 해줘야 되는 거냐고 묻는다.

분명한 건 직원의 태도에 특별히 나쁜 의도는 없다는 것이다. Y세대, 이른바 밀레니얼 세대는 회사를 그만둘 때나 아르바이트를 그만둘 때, 문자 메시지 한 통 보내면 다 정리된다고 생각한다. 심지어 연인과 이별할 때도 문자 메시지로 정리하는 세대다. 하지만 입사 1년 이내 퇴사율이 30%에 육박하는 현실은 기업 입장에서 큰 문제다. 고연봉의 대기업이라고 해서 예외는 아니다.

세대 간 갈등은 옳고 그르냐가 아닌, '문화 차이'로 이해해야 한다. 문화 연구학자 홉스테드Hofstede는 문화를 '한 집단이나 범주의 사람들이 다른 집단이나 범주의 사람들과 구분되는 집합적 정신 프로그램'이라고 정의했다. 사람에게 성격이 있듯, 한 집단에는 문화가 있다. 집단의 문화는 성장 환경과 성장 과정에 많은 영향을 받는다.

X세대와 Y세대는 성장 배경이 다르다

서로가 다르다는 것을 분명히 인식하고, 다른 문화를 이해하는 데서 세대 간 화합의 실마리를 찾을 수 있다. 문제는 한 문화권의 특성을 객관적으로 이해하는 게 쉽지 않다는 것이다. 관찰자의 주관을 배제하고 문화를 인식하는 것은 거의 불가능에 가까운데 누구의 입장에서 보느냐에 따라 내용은 완전히 달라질 수 있기 때문이다.

나는 오늘날 기업 내 세대 갈등의 해답은 결국 중간관리자로 성장한 X세대에게 달려 있다고 생각한다. X세대는 그들과 전혀 다른 가정과 학교생활을 경험한 Y세대가 조직에 들어왔을 때 이들의 다른 생각과 문화를 이해하고 그것을 토대로 어떻게 동기부여 할지 고민해야 한다.

2009년 하버드 비즈니스리뷰에 '어떻게 베이비부머와 Y세대가 새로운 어젠다를 만들어 가는가'라는 제목의 글이 실리면서 Y세대에 대한 논의는 미국 등에서 큰 인기를 끌었다. 이 글은 X세대를 위한 Y세대의 이해와 동기부여법이다. Y세대는 1980년부터 1996년 사이에 태어난 세대를 말하는데, 1980년대 초반생은 X세대에 더 가깝고, 1980년대 중반 이후에 태어난 사람들은 Y세대로 느껴진다고 가정한다. 또 X세대는 90년대 초반 학번, 즉 초기 X세대를 중심으로 본다.

X세대와 Y세대의 큰 강

:1990년대에 생긴 일

X세대와 Y세대의 서로 다른 특성을 이해하기 위해서는 먼저 1990년대에 일어난 세계적인 변화를 이해해야 한다. 1990년대 인류는 인터넷과 이메일을 사용하기 시작하면서 진정한 지구촌으로 거듭났다. 이념 갈등도 종식됐다. 소련이 붕괴되고, 공산주의였던 러시아가 자본주의를 받아들이는 개혁을 추진했다. 베를린 장벽이 무너져 독일이 통일되고, 동유럽도 공산주의의 붕괴로 러시아로부터 독립, 서구 사회와 교류를 시작한다. 가장 중요한 이벤트는 중국의 죽의 장막이 걷힌 것이다. 중국 경제가 개방되면서 세계의 공장을 형성했다. 산업적으로는 디지털 산업이 급격히 발전하고, 이동통신이 발달해 닷컴 기업들이 우후죽순 생겨난다. 또 미디어의 폭발적 발달로 전 세계에 실시간으로 뉴스가 공유됐다. 대한민국도 1988년 올림픽을 전후해 선진국화가 본격적으로 진행됐다. 해외여행이 자유화되고, 군부 독재가 물러가고, 민주화가 이뤄졌다. 경제협력개발기구(OECD)에 가입하며 진정한 선진국 반열에 들어선 대한민국은 풍요를

누렸다. 이 시기 젊은이들은 다양한 산업의 발전과 고성장 덕분에 별 어려움 없이 자신의 커리어를 선택해 이어갈 수 있었다.

적금 이자는 10%대였고, 매년 주가도 10~20% 성장했다. 하지만 1997년 말에 발생한 외환위기는 이 모든 것을 뒤집어 놓았다.

대한민국 밀레니얼 세대의 비극
: 2000년대에 생긴 일

2000년대 이후 세계 경제는 닷컴 산업의 붕괴, 이라크전 같은 위기를 맞았고 저성장의 시대에 들어선다. 과거 화려했던 10년은 X세대의 물질주의를 부추겼고, Y세대의 어린 시절을 풍요롭게 만들었다. 하지만 Y세대가 성인이 된 사회는 그들이 어린 시절 봐온 어른들의 세상과 사뭇 달랐다. 1997년 말 외환 위기가 터진 이후 국내 상황은 밀레니얼 세대들에게 크나큰 시련을 줬다.

대학 진학률이 80%에 달하는 우리나라에서 대학입시제도의 변화는 굉장히 중요하다. 밀레니얼 세대가 10대이던 시절, 대입

제도가 파격적으로 바뀐다. 수학능력시험으로 대학을 가던 제도는 한 가지 특기만 있어도 대학에 진학할 수 있도록 개편되어 각종 특기생 전형을 만들어냈다. 입시제도의 변화로 고등교육과정은 상당한 변화를 겪었다. 학생들은 권리 의식을 갖고 인권 조례를 만들었고 체벌은 금지됐다.

쉬운 수능은 학생들로 하여금 쉬운 문제를 실수 없이 푸는데 초점을 맞추도록 유도했다. 수능에서 한 문제만 틀려도 진학할 수 있는 학교가 바뀌는 식이 되자 학생들은 실수에 더욱 민감해졌다. 뒤이어 학생을 평가하는 기준으로 교내 각종 시험과 대회만을 인정하는, 학생 생활기록부를 토대로 한 입시제도가 생긴다.

이로 인해 다 같이 열심히 해서 우리의 꿈을 함께 이루자는 학생들 간의 소박한 연대의식이나 교실 내에서 서로 돕는 문화는 깨지게 된다. 교사들은 '선생'이라기보다 학생들의 미래를 규정할 수 있는 절대 평가자로 적대감의 대상이 됐다. X세대가 경험했던, 공부 잘하는 학생이 못하는 학생을 도와주던 문화, 교사가 학생들과 맺었던 친밀한, 혹은 방임적 관계는 사라졌다.

체벌이 사라진 뒤 학교는 학생들을 통제하기 위한 상점과 벌점 제도를 만들어서 모든 것을 기록하기 시작했고, 아이들은 이 결과가 성인이 된 후 진로에까지 영향을 미친다는 극도의 불안으로 질풍노도의 사춘기 시절을 보냈다. 이런 불안은 기성세대를 향한 복종 혹은 분노 양 극단으로 표출됐다.

IMF 이후 저성장 기조가 이어지면서 Y세대가 대학을 졸업하고 사회생활을 시작하던 시절에는 비정규직이 늘었다. 베이비붐 세대들은 종신고용, 초기 X세대들은 정규직이 주요 고용 형태였다면 Y세대는 도급과 하청, 재하청, 비정규직 등이 주를 이뤘다. 이 와중에 창업, 신산업 창출 같은 돌파구도 생기지 않았다. 베이비붐 세대는 어려운 경제 여건에서 제조업을 성장시켰고, X세대는 컴퓨터 게임과 한류로 문화 콘텐츠 산업을 발전시켰다.

하지만 Y세대에서는 아직까지 이런 사례를 찾기 힘들다. '소확행'이란 말처럼 Y세대들에게 행복은 소소할 수밖에 없는 것이다. Y세대는 세계사에 기록될 수준의 성공을 이룬 앞 세대에게 늘 평가받고, 비교당하고, 비난을 받아왔으며 계속 가난했다.

이들에게 확실한 행복은 월급날 TV에 나온 맛집에 가서 사진을 찍고 SNS에 올려서 '좋아요'를 100개 받는 것이다.

다시 말해, X세대와 Y세대가 경험한 대한민국은 완전히 다르다. X세대는 가난하게 태어나서 점점 부자가 되는 것을 경험하고 자수성가를 한 세대다. 반면 Y세대는 부잣집에 태어났는데 부침이 심한 환경에서 자라고 성인이 돼서는 아버지보다 못 사는 첫 번째 세대가 됐다. 불과 10~20년의 차이지만 압축 성장을 경험한 우리나라에서 세대 간 간극은 그 어느 나라보다 심하다.

나는 세대 간 불화의 해답은 결국 X세대에게 달려 있다고 생각한다. 어느 시대든 아랫세대가 윗세대를 이해하는 것은 어렵기 때문이다. 또 이미 조직은 X세대의 문화를 상당히 반영하고 있다. 전혀 다른 가정과 학교생활을 경험한 Y세대가 조직에 들어와 곧바로 조직과 같은 생각을 가질 수는 없다. 두 세대의 이러한 문화적 차이를 바탕으로 X세대가 Y세대를 동기부여 하는 노하우를 7가지로 정리했다.

1. Y세대에게 금전적 보상을 앞세우지 마라

가난한 사람과 그렇지 않은 사람에게 동전을 그려보라고 했더니, 가난한 사람들이 더 크게 동전을 그렸다는 실험 결과가 있다. 가난하게 자란 사람들에게는 돈이 더 큰 의미를 가진다는 뜻이다. X세대는 베이비붐 세대처럼 보릿고개를 겪은 세대는 아니지만 개발도상국에서 어린 시절을 보냈다. 당시에 우리나라는 모든 것이 부족했다. 그러나 Y세대는 1990년대에 부유한 어린 시절을 보냈다. 따라서 X세대만큼 돈에 반응하지 않는다. 그리고 돈이 줄 수 있는 혜택도 크지 않다. X세대는 회사만 열심히 다니면 어쨌거나 집도 장만하고 결혼하는 것이 어렵지 않았고, 가정 형편이 고만고만했기에 동료들 간의 빈부 차도 크지 않았다. 그러나 Y세대는 집 장만이 좌절되고, 동료들 간의 빈부 격차도 크다. 회사에서 해줄 수 있는 금전적 보상은 이들에게 큰 차이를 만들지 못한다. 따라서 금전적 보상으로 동기부여를 하는 것은 X세대만큼의 효과를 보기 어렵다.

Y세대는 성과 인정으로 동기부여 되는 경향이 약하며 이는 낮은 직급일수록 더 뚜렷하다. X세대가 치열하게 일해서 큰 성

과를 내는 데 집중한 반면 Y세대는 적당한 업무량과 개인의 성장, 우호적인 분위기를 더 선호한다.

2. Y세대는 회식보다 자유시간을 원한다

Y세대는 학원에서 학창 시절의 대부분을 보낸 세대다. 수업을 마치면 친구들과 오락실이나 만화방에 가고, 축구를 하다가 친구네 집에 가서 라면을 끓여 먹고, 저녁 먹을 시간이 돼 집에 돌아가던 X세대와 다르다. 학교를 마치자마자 학원 순례를 시작한 Y세대들은 여럿이 어울려 노는 것에 익숙지 않다.

힘든 프로젝트가 끝나면 X세대는 회식을 원한다. 회사 돈으로 포식하고 술 마시고 놀고 싶어 한다. 반면 Y세대는 자유시간을 절실하게 원한다. 이들은 어릴 때부터 심심했던 시절이 별로 없다. 퇴근을 일찍 하고, 딱히 하는 일이 없더라도 자신이 주도권을 쥐는 자유 시간을 원하며, 이를 가능케 하는 적당한 업무량을 원한다.

3. 피드백과 작은 보상은 즉각적으로

학생기록부를 토대로 대학에 가는 학생부종합전형, 이른바 '학종'이 등장하면서 Y세대는 늘 평가를 받아왔다. 시험, 작은 교내 대회, 숙제 하나하나가 모두 평가의 대상이자 그들의 대학을 결정짓는 요소였다. 그래서 이들은 늘 잘하고 있는지에 대한 불안감을 갖고 있다. 수능 대박으로 대학이 바뀌는 드라마틱한 반전은 없다. 따라서 Y세대에는 즉각적 피드백이 효과적이다. 피드백의 내용은 업무 종류에 따라 다 다르겠지만 리더는 그때 그때 피드백을 줄 수가 있다.

"잘하고 있다.", "이것은 이렇게 수정하면 좋겠다.", "수고한다.", "고생한다." 등등의 피드백을 통해 리더는 그들의 일을 잘 파악하고 있음을 표현할 수 있다. 또 잘했을 때는 즉각적으로 작은 보상을 하는 것이 좋다. 커피를 한 잔 건넨다거나 모바일 쿠폰을 보내주는 식도 좋다. 이런 작은 보상이 연말에 인사고과를 잘 주겠다거나 승진할 때 챙겨주겠다는 말보다 더 효과적이다. 이들에게 모바일 쿠폰은 단순한 커피 한 잔을 사주는 게 아니라 관심의 표시, 하나의 이벤트를 선물하는 것이다.

한편, 법인카드로 사주는 것은 별로 효과가 없다. Y세대는 이를 '우리 모두의 돈'을 가지고 상사가 생색낸다고 생각하기 때문이다. 적은 금액이라도 개인 비용을 쓰는 게 훨씬 효과적이다.

4. 조직에 의미 있는 사람임을 주지시켜라

대한민국에서 1980년 이후에 태어난 사람의 절반 이상이 외동이다. 이들은 늘 관심과 보살핌을 받으며 자랐다. X세대가 어린 시절 여러 형제 중 한 명으로, 집에서 부모님의 심부름을 하며 자란 것과 다르다. X세대는 한 반에 50~70명씩 되는 교실에서 교사의 큰 관심을 받지 못했다. 이들은 이름 대신 출석번호로 불렸다. 그 시절 중·고등학생은 중요한 노동 자원이었다. 학교에서 교실은 물론, 화장실, 교무실, 운동장, 화단, 심지어 학교 근처까지 모조리 학생들이 도맡아 청소했다. 나라 행사에 동원되는 일도 잦았다. X세대가 다녔던 학원은 수십 명에서 100여 명의 학생이 수강하는 단과반으로 그 안에서도 누구 하나 개인적인 관심을 받는 사람이 없었다.

하지만 Y세대는 한 학급이 40명 안팎으로 구성돼 교사의 더 큰 관심을 받았다. 중·고등학교 교사, 대학교 학과 교수님들도 학생들의 이름을 다 알 정도다. 학원도 소규모 학원에서 원장과 교사들의 관심을 받았고, 학습 상태에 대한 피드백은 바로 부모에게 전달됐다. 또 Y세대는 자라면서 "공부만 열심히 해."라는 말을 들으며 그 외 모든 일에서 배제됐다. 청소는 용역업체가 하고, 예외적으로 노동력이 필요하면 부모가 동원됐다. 따라서 이들은 의미 있는 일이 아닌 소위 '잡일'을 자기 일로 받아들이기 어려워한다. 예컨대, Y세대들은 외식할 때 부모가 고기를 구워줬다. 하지만 직장 회식 자리에서 본인이 고기를 구워야 하는 입장이 되면 본인의 처지가 급격히 나빠졌다고 느낄 것이 자명하다.

Y세대는 의미 있는 사람으로 자랐고, 계속 그러길 원한다. 따라서 지금 하는 일이 허드렛일이 아니라 조직의 중요한 일임을 친절하게 설명할 필요가 있다. 조직에 필요한 사람이며, 조직의 성장에 기여하고 있고, 이를 통해 본인도 조직에서 자리를 잡고 성장할 수 있음을 설명해줘야 한다.

Y세대는 중·고등학교 시절 봉사 활동을 조직적으로 해온 세

대이기 때문에 양보와 봉사의 미덕을 더 잘 안다. 강압적이지 않게 잡일도 누군가는 해야 할 일이라는 것을 친절하게 설명하고 설득하면 적극적으로 따를 것이다.

5. 프로세스를 명확히 하라

학종으로 대학을 간 Y세대는 평가 하나하나에 상상 이상으로 민감하다. 그들에게 평가 공정성은 생명과 같다. 나만 열심히 하면 됐던 X세대와 다르다. 내 눈 앞의 경쟁자들과 끊임없이 비교당하고, 그것이 인생을 결정짓는다고 세뇌당하면서 자랐다. 지난 2017년 국정농단 수사, 탄핵, 정권 교체 이 역사적 사건의 발단은 정유라의 학점이었다. 체육특기생이 출석도 제대로 안 했는데 좋은 학점을 받았다고 학생들이 들고 일어난 것이다. X세대와 Y세대는 프로세스와 평가 공정성에 대한 잣대 자체가 극단적으로 다르다. Y세대에게 주먹구구식의 평가나 좋은 게 좋은 거라는 식의 논리는 절대로 통하지 않는다.

Y세대는 X세대보다 더 높은 수준의 인권 의식과 주권 의식을 갖고 있다. 회사가 작은 일을 결정할 때도 공정성을 기하고

있음을 투명하게 보여주지 않으면 불만을 가질 것이다. 하지만 Y세대는 그 잣대에 대한 질문은 많이 하지 않는 편이다. 즉, 평가 지표 그 자체보다는 프로세스의 공정성을 더 중요하게 생각하고, 그에 따른 결과는 쉽게 수용하는 편이다. 어떤 기준이든 본인이 손해만 보지 않으면 된다고 생각한다.

최근 해외에서는 평가 자체를 없애는 기업이 늘고 있는데 평가는 어떻게 해도 공정하기 힘들고, 리더들이 평가에 너무 많은 에너지를 빼앗기고 있기 때문이다. 평가를 없애든가, 하려면 제대로 해야 한다.

6. 교육 기회를 확대하라

Y세대는 가정이나 학교에서 사회적 기술을 배울 기회가 적었다. X세대처럼 어린 시절부터 동네 형, 동생들과 놀면서 배우는 조직생활도 경험하지 못했다. 따라서 사회적 기술을 가르칠 필요가 있다.

그들은 끊임없이 소통을 요구하지만 소통에 서툴다. 이런 것까지 가르쳐야 하나 싶은 사소한 것들까지 전부 가르쳐야 한다.

다행히 요즘은 회사 외부에 수많은 교육기관이 있고, 유튜브 같은 매체를 교육용으로 활용하기 쉽다.

어릴 때부터 사교육을 받은 Y세대는 계속 사교육을 받아야 안정을 느낀다. 주 52시간은 초기 X세대를 당구장과 술집으로, Y세대는 학원으로 보내고 있다. 사람들은 익숙한 것을 계속 한다. 동호회 만들어서 와인 모임하고, 바이크 모임을 하는 것은 X세대들이다. 동아리 만들어서 놀던 버릇이다. Y세대에게 유행하는 소셜 모임은 스터디 모임과 북클럽이다. 이들은 모여서 공부를 하고 책을 읽는다. Y세대가 교육과 경쟁력에 대한 강박이 있음을 감안해 기업 안팎으로 교육을 확대할 필요가 있다.

7. 모두와 끊임없이 소통하라

Y세대는 어릴 때부터 보살핌을 받아온 세대로 지속적인 관심의 대상이 됐다. 그것이 평가를 위한 것이든, 돌봄을 위한 것이든 말이다. 따라서 윗사람이 자신에게 관심을 갖는 것을 너무나도 당연시한다. 외동이거나 많아야 2명의 형제와 지낸 사람들은 모든 것을 독점하는 데 익숙하다.

또 성장 과정에서 집에 아버지가 없는 경우가 많았다. 학교에도 여성 교사가 대부분이었다. 그러다 보니 표현에 소극적인 남성 어른들의 문화가 익숙지 않다. 따라서 Y세대를 대할 때는 그들 모두가 '편애'를 받고 있다고 느끼게 대해야 한다. 한 사람을 다 같이 보는 데서 칭찬하면 다른 이들은 당황하거나 불안해 한다. 야단도 따로 불러서 치고, 칭찬도 은밀하게 하는 게 효과적이다. 그래서 그들이 '우리 팀장님은 나를 잘 보고 계셔.'라고 생각하도록 만들어야 한다. 리더들은 가능한 잡담을 많이 하고, 일에 관한 이야기는 짧게 하는 것이 좋다.

위와 같은 이야기를 기업 교육 현장에서 말하면 보통 X세대 리더들은 매우 당황스러워 한다. 그리고 묻는다. "꼭 그렇게까지 해야 하느냐?"고 말이다. 하지만 이제 다른 선택지는 없다. 이제 1996년 이후에 태어난 Z세대가 사회생활을 시작한다. 이들은 Y세대와 또 다르다.

2021학번부터는 학령 인구가 대학 정원보다 적어질 것이다. 경쟁도 훨씬 덜하고, 대학 커트라인도 급격히 낮아질 것이다.

그리고 70~80%가 외동이다. 이들은 어릴 때부터 해외여행을 다니고, 100만 원짜리 핸드폰, 50만 원짜리 패딩을 입고 자란 세대다.

시간은 결코 거꾸로 가지 않는다. 조직이 바뀌지 않으면 젊은 인력을 계속 유지할 수가 없다. 앞으로 기업 경쟁력은 새로운 세대의 인재를 얼마나 유치해서 얼마나 잘 활용하느냐가 좌우하게 될 것이다.

이 글은 저자가 〈동아 비즈니스리뷰〉 281호(2019년 9월 발행)에 기고한 칼럼을 재구성한 것입니다.

CHAPTER 6

심리적 안전감을 높이는 방법 2

2단계. 부정적 감정을 경계하라

'감정'에 대해 이야기해보겠습니다. 사실은 심리적 안전감 자체가 감정이죠.

1940년대에는 '행동주의'라고 해서, 보상과 처벌로 사람을 움직이는 연구가 주목받았는데요, 이후에 심리학에 대한 관심이 높아지면서 1970년대부터 본격적으로 감정에 대한 연구가 시작됐어요. 신경심리학, 신경과학, 정신과 등 다양한 분야에서 뇌나 신체의 반응을 토대로 감정들을 연구하고 있는데요, 지금도 활발히 연구가 진행되는 분야라 이론이 확 뒤집히기도 해요.

예전에 많이 들어보셨을 거예요. 좌뇌는 이성적인 사고, 계산적인 사고에 관여하고, 우뇌는 창조성과 감성에 관여한다는 이론 말이에요. 그런데 그게 아니래요. 그런 면이 있긴 하지만 그게 전부는 아니라는 게 꾸준한 연구로 밝혀졌죠. 인간의 감정이라는 게 뇌의 한 부분이 좌지우지 할 만큼 그렇게 단순하지가 않아요.

부정적인 감정은
에너지를 소진시킨다

요즘은 감정을 몸과 연결지어서 많이 이야기하는데요, '신체 예산'이나 스트레스가 우리 몸에 어떤 호르몬으로 어떤 영향을 끼치는지에 대해 말씀드릴게요.

저는 하버드 의대에서 하는 코칭 컨퍼런스를 매년 갑니다. 연사들의 강의를 쭉 들어보니 2018년에는 '뇌, brain'이라는 단어가 많이 나왔고요, 2019년에는 '몸, body'라는 단어가 많이 나오더라고요. 뇌와 몸(신체)과 감정이 서로 어떻게 연결되는가를 추적하는 것이 최근의 연구 경향이에요.

리사 펠드먼 배럿lisa feldman barrett이라는 하버드 의대 교수가 있는데, 《감정은 어떻게 만들어지는가》라는 책을 썼어요. 이 책을 다들 읽어보시면 좋은데, 전문서다 보니 어려워요. 그래서 제가 아주 간단하게 설명드리겠습니다.

사람이 몸을 움직이려면 에너지를 써야 돼요. 에너지를 얻기 위해 우리 몸은 '글루코스(포도당)'를 필요로 하죠. 정확히 말하면 포도당을 포함한 '단당류'예요. 회사에 비유하면 글루코스는 '예산'이죠. 각 팀에서는 예산을 집행하는 부서로부터 돈을 받아와 일을 합니다. 몸도 똑같아요. 아침에 일어나면 글루코스를 받아와 무엇을 할 때마다 조금씩 사용하는 거예요.

자, 하루의 시작이에요. 글루코스가 가장 먼저 사용되는 곳은 어디일까요? 학자들은 감정을 다스리는 데 쓰인다고 말합니다. 각자 오늘 아침을 떠올려보세요. 어떠셨어요? 신났어요? '아이고, 죽겠다!' 이러면서 일어나셨습니까? 몸이 무겁고 기분도 좋지 않은 날이 있죠. 그런 날은 신체 예산이 좀 낮은 날입니다. '잘 잤다! 상쾌한 하루가 시작되는구나!' 했다면 그날은 예산이 빵빵한 거예요.

불안하거나 짜증이 나거나 힘들거나 그래도 회사는 가야 하잖아요. 그러면 그 부정적인 감정을 다스리는 데 굉장히 많은 에너지 지원이 빠져나가요. 걱정거리가 있으면 계속 그 생각을 하느라 피곤하고 잠도 안 오는 것과 마찬가지예요.

그 다음에 신체 활동을 하는 데 쓰이죠. 아침에 잠들어 있던 몸을 일으키고 침대에서 나와 화장실 가서 세수하고, 옷 입고, 집을 나서는 모든 활동을 할 때 글루코스와 코르티솔(글루코스를 운반하는 물질)이 쓰입니다.

그런데 이게 각자의 구좌가 있는 게 아니에요. 한 구좌에서 모두 빠져나가는 겁니다. 그래서 감정 조절과 신체 활동을 하는 데 우선 에너지를 쓰고, 남으면 그 외의 생산적인 일을 할 수 있어요. 창조적 행위를 하거나, 누군가에게 친절을 베풀거나 하는 일들이요.

어때요? 몸의 예산을 잘 운영해야겠다는 생각이 들죠? 그런데 이건 사람이 통제할 수가 없어요. 먼저 1순위인 감정, 감정이 일어나면 거기에 에너지가 쭉 들어가는 건 막을 방도가 없습니다. 그래서 우울증에 걸린 사람들은 힘이 없죠. 진수성찬을 차려놔도 숟가락 들 기운이 없고요, 먹고 싶지도 않아요. 우울한 기분을 다스리는 데 너무 많은 에너지가 빠져나가기 때문이에요.

앞에서 '불안'에 대해 이야기했는데요, 불안하면 신체적으로 어떤 변화가 일어나죠? 심장이 벌렁거리고, 정신도 아득하고 그렇잖아요. 거기로 에너지가 다 나가는 거예요. 그래서 심리적 안전감이 낮아지거나 불안감이 높아지면 여기에 너무 많은 에너지가 빠져나가기 때문에 생산적인 일을 하는 데 쓸 에너지가 없어요. 그래서 동료들에게 친절을 베풀 수도 없고요. 부하 직원이 실수하거나 실패했을 때 "너도 힘들었겠다." 말할 힘이 없는 거예요.

조직 문화를 평가할 때 '건강' 부분도 체크하거든요. 그런데 우리나라 기업들은 이 점수가 대부분 낮아요. '안 힘든 사람이 어디 있냐? 몸 한두 군데 안 아픈 사람 어디 있냐?' 하면서 대수롭지 않게 여기는 거예요. 그런데 그게 대수롭지 않은 게 아니에요. 에너지가 그쪽으로 다 빠져나가 창의적인 일을 할 수 없게 만드니까요.

신체 예산을
확보하려면?

배럿 교수는 '잘 자고, 잘 먹고, 운동하기'가 신체 예산을 확보하는 방법이라고 말합니다. 저는 개인적으로 이 3가지 중 '잘 자는 것'을 먼저 시도해보시길 권합니다.

코칭을 하면서 수면 패턴을 바꿔 변화를 느낀 분들이 많아요. 제가 아는 한 CEO 분은 저녁 8시에 주무세요. 그때부터 잠을 자면 알람 없이도 일어날 수 있고요, 수면의 질도 굉장히 좋대요. 그 분은 8시 취침이 생활이 돼서, 새벽 2~3시쯤에 일어난다고 해요. 출근할 때까지 시간이 꽤 많이 남잖아요? 그 시간에 혼자 책도 읽고, 간단한 운동도 하신대요.

저도 어제 8시에 잤거든요. 중간에 한 번 깨서 휴대전화 메시지 확인하고요, 새벽 3시에 일어났습니다. 준비하고 나올 때까지 4시간 반이라는 시간이 생기니까 엄청나게 여유롭더라고요. 책도 보고요, 차도 마시고요. 강의 준비도 했어요. 이곳에 오기 전에 세 시간 가까이 감정에 관한 책을 읽었습니다. 이렇게 몸과 마음의 준비가 된 상태에서 하루를 시작하는 사람과 헐레벌떡 일어나 출근하는 사람은 분명 다르겠죠? 몸 상태가 좋으면 불안이나 위기 상태에 처해도 타격이 적습니다.

저는 코칭을 할 때 '전력을 다해 일하는 것'을 추천하지 않습니다. 한 10여 년 전만 해도, 리더라면 가지고 있는 에너지를 풀(Full)로 써야 한다고 얘기했어요. 그런데 요즘에는 그러면 안 된다고 말합니다. 언제 어떤 일이 생길지 모르는 불안한 사회가 됐기 때문에 70~80% 정도만 쓰고, 20~30%는 비축해둬야 한다고요. 내가 여유가 있어야 예상치 못한 큰일이 생겨도 어떻게 대처할 지 대책을 강구할 수 있어요. 조직원들의 불안도 흡수할 수 있고요.

감정이 몸을
변화시킨다

이렇게 신체와 감정은 아주 밀접하게 연결되어 있습니다.

앞에서 '구글은 심리적 안전감이 높은 조직이기 때문에 성과가 좋다.'라고 얘기했는데 이제 그 원리를 정확히 이해하시겠죠? 불안이 낮으면 감정을 다스리기 위해 쓰이는 에너지가 적으니까, 창조적인 일을 더 많이 할 수 있는 거예요.

감정에 관한 연구를 좀 더 살펴볼게요. 700명을 대상으로 연구를 했습니다. 사람이 어떤 감정을 느낄 때 몸이 어떻게 반응하는지 그림으로 표현한 거예요. 몸의 반응이 활성화되면 밝은색, 활성화가 덜 되면 어두운 색으로 표시했어요.

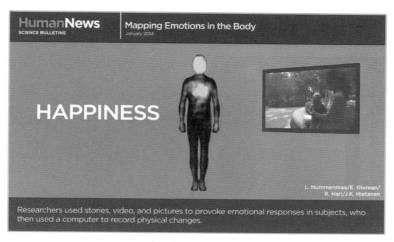

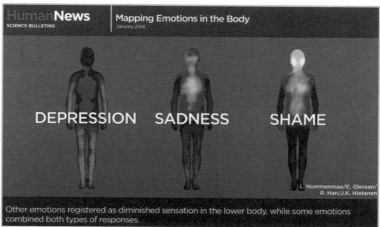

행복한 감정을 느끼면 온몸의 감각들이 살아납니다. 감각들이 살아나면 바깥에서 오는 자극을 튕겨내지 않고 쉽게 받아들일 수 있어요. 그래서 행복한 사람들은 뭘 먹어도 맛있고요, 어떤 경험을 해도 즐거운 거예요.

그런데 부정적인 감정인 분노, 두려움, 역겨움, 수치심 등을 느끼는 경우에는 신체의 위쪽은 감각이 살아나지만 하체 쪽으로는 감각이 무뎌져요. 그림에서도 세포 활성화가 거의 안 되어 있는 걸 볼 수 있죠? 그러니까 다른 건 아예 할 생각도 못하고 모든 에너지를 부정적인 감정 핸들링 하는 데만 쓰게 돼요. 뭘 먹어도 맛이 없고, 뭘 봐도 예쁜 줄을 모르고. 이렇게 되는 겁니다.

이렇게 우리가 느끼는 감정은 신체에 직접적인 영향을 미치고요, 몸을 변형시킬 수도 있습니다. 사람마다 자주 짓는 얼굴 표정이 있죠? 이것도 감정으로 인한 반응입니다. 행복한 감정을 자주 느끼는 사람은 특별한 인풋in put이 없어도 감각과 세포가 활성화되어 있습니다. 그런데 우울함에 빠져 있는 사람은 감각이 죽어 있어서 몸에 활기가 없어요.

중요한 것은 지금 느끼는 감정이 미래에도 영향을 미친다는 거예요. 프로이드를 비롯한 현대 신경과학자들이 얘기하는 게 '어릴 때의 경험'이잖아요. 그들은 과거의 경험과 그때 느낀 감정이 몸에 새겨진다고 말합니다. 부모님이 자주 다투고, 서로 비난하는 환경에서 자란 아이들은 만성적으로 신체 예산 부족에 시달리게 돼요. 우리 몸 어딘가에서 그때의 기억이 계속 리플레이replay되거든요. 그게 나의 일상으로 못 튀어나오게 하기 위해 막느라, 계속 에너지가 들어가요. 어린 시절의 기억뿐 아니라, 사회생활에서의 경험도 마찬가지입니다.

부정적인 경험이 많은 사람은 심리치료를 통해 겉으로 드러내고, 핸들링하거나 잠재우는 연습을 해야 합니다. 그렇게 에너지가 새나가는 것을 막아야, 활력 있게 살 수 있어요.

자극이 있을 때
신체와 감정은 어떻게 변할까?

조직행동과 인지심리학을 연구한 리처드 보야치스Richard Boyatzis 교수는 연구를 통해 '위협이나 자극에 노출되었을 때 대처법을 생각하기 전에 감정이 먼저 찾아온다.'고 말했습니다. 우리 몸에는 이성적인 판단이 이루어지기 전에 자동으로 반응하는 장치가 있다는 거예요.

지금 이 강의실에 갑자기 쥐가 한 마리 나왔다. 그러면 여러분은 어떻게 하시겠습니까?

어떤 분은 쥐를 피해서 책상 위로 뛰어올라가고, 어떤 분은 때려잡겠다고 빗자루 들고 오실 거예요. 사람은 위협에 노출되면 두가지 반응을 한대요. 싸우거나fight 혹은 도망가거나fly. 자신을 보호하기 위해 순간적으로 우리 몸이 재편되고 신체 예산이 재분배되는 거예요. 스트레스를 받을 때도 똑같습니다.

리처드 박사가 학생들에게 FMRI(뇌 스캐너)를 씌우고 실험을 했는데요, 한쪽은 긍정적인 이야기가 나오는 비디오를 보여주고 한쪽은 부정적인 이야기가 나오는 비디오를 보여줬어요. 그랬더니 부정적인 이야기를 듣는 그룹은 교감 신경계가 활성화되었대요. 위협에 노출되었을 때도 교감 신경계가 활성화돼요.

'헉!' 하면서 우리가 놀라죠? 이게 교감 신경이 활성화되는 거예요. 이럴 때 우리의 몸에는 어떤 변화가 일어날까요? 동공이 커지면서 숨을 확 들이마셔요. 그리고 폐가 커집니다. 숨을 쉬어야 되니까요. 그리고 심장이 벌렁벌렁 뜁니다. 몸에 빨리빨리 글루코스를 보내서 내 근육으로 적을 때려잡아야 하니까요. 간에서는 힘을 보태기 위해 가지고 있던 당원을 글루코스로 변환시켜 근육으로 보냅니다. 그리고 부신이라는 데서는 스트레스 호르몬이 나오기 시작하면서 방광이 힘을 잃어요. 그래서 깜짝 놀라면 오줌이 찔끔 나오는 겁니다. 이런 일들이 한 순간에 확 우리 몸에서 일어나요.

부신에서 나오는 스트레스 호르몬 중 대표적인 것이 '아드레날린'과 '스테로이드'입니다. 모든 호르몬은 일정량은 있어야 돼요. 그런데 과도하게 분비가 된다는 거죠.

아드레날린은 우리를 각성하고 흥분하게 만듭니다. 스테로이드는 순간적으로 근육이 폭발적인 힘을 낼 수 있게 돕고요. 여러분이 스트레스를 받는 상황이 되면 이 스테로이드가 몸에서 확 분비됩니다. 그래서 어디로 갈까요? 근육으로 가죠. 그러면서 혈압이 상승해요. 과다 분비된 호르몬을 빨리 보내야 되니까 혈압이 높아지는 거예요. 그렇게 근육은 싸울 준비를 합니다.

스트레스를 받으면 이렇게 신체 예산이 근육으로 몰려요. 그러니까 딴 기관들이 순간적으로 멈추죠. 시각이나 청각 등 근육을 긴장시키는 데 필요 없는 기관에 에너지가 부족해집니다. 그래서 어떤 일이 생기느냐, 실제로 시야가 좁아지고요, 옆에서 말하는 소리도 안 들려요. 싸울 때 "이게 눈에 뵈는 게 없나?"라고 하잖아요? 그게 다 일리가 있는 말이에요.

더불어 개방성, 융통성, 창조성 등이 다 바닥으로 떨어져요. 뇌로 예산이 못 가거든요. 다 몸의 근육으로 가 있으니까요.

리더가 실컷 야단치고 "자, 이제 새로운 아이디어 내 봐." 하면 일이 될까요? 안 돼요. 긴장된 근육을 풀고 난 다음에 새로운 일을 시작해야 돼요.

스트레스는 면역력도 약화시킵니다. '스트레스가 만병의 근원'이라는 말이 맞는 얘기예요. 스트레스를 받으면 뉴런 생성이 억제돼요. 뉴런은 자극을 받아들여 뇌로 운반하는 일을 하거든요. 그런데 뉴런 생성이 억제되면 어떻게 될까요? 감각이 둔해지죠. 감각이 둔해지면 자극을 계속적으로 받아들이게 되고, 면역 체계가 약해지는 거예요.

자, 모든 에너지가 이렇게 근육으로 가고 뇌 활동이 저하되면 불안, 긴장, 우울감이 올라옵니다. 그래서 정서장애를 앓게 되는 거죠. 호주에서 연구를 했는데요, 기업의 임원 25~50%가 병으로 진단될 수 있는 수준의 불안과 우울 장애를 가지고 있다고 합니다. 사람 관계에서 정서가 불안하면 가장 안 좋은 점이 뭘까요? 상대방의 말을 위협적이고 부정적으로 해석하게 된다는 겁니다.

기분이 좋을 때는요, 누가 와서 싫은 소리를 해도 "저 사람 왜 저래?"하고 말아요. 그런데 기분이 좋지 않을 때는 칭찬을 해도 곱게 들리지 않죠. '저 사람이 지금 나를 비웃나? 뭘 시켜먹으려고 사탕발림 하는 건가?'하는 식으로 나쁘게 해석하게 되는 거예요.

기분이 나쁠 때는 무슨 얘기를 해도 다 욕하는 것처럼 들리니 싸움이 납니다. 그 상황은 또 다른 스트레스가 되어 불안과 두려움은 더욱 증폭되고요. '두려움이라는 감정의 실체가 없다.'고 말하는 신경학자들이 있는데, 두려움은 감정이 아니라 이런 생리적 반응으로 봐야 해요.

계속 스트레스 상태가 이어지면 '교감 신경계 항진증'이라는 병에 걸리거든요. 교감 신경이 계속 열려 있는 거예요. 수도꼭지가 열렸다 닫혔다 하면서 몸의 긴장과 이완을 조절해야 하는데, 계속 열려 있는 거죠. 조직에 이런 사람이 있으면 주변 사람들이 너무너무 힘들어요. 다 같이 우울증을 겪게 되는 거죠.

교감 신경을 막는
부교감 신경의 작용

자, 우리 몸에 교감 신경의 반대 작용을 하는 기관도 분명히 있겠죠. 그것이 '부교감 신경계'입니다.

싸우다가 감정이 격해지면 눈물이 터져나오죠. 교감 신경이 한계치까지 활성화돼서 우리 몸이 참을 수가 없는 거예요. 어디론가

분출해야 하니까, 눈물이 핑 터지는 거거든요. 그때 나온 눈물에서는 스트레스 호르몬이 엄청나게 많이 검출돼요.

교감 신경계가 '헙(들숨)!' 이럴 때 신체 반응이라면, 부교감 신경계는 '후-(날숨)' 이럴 때 나타나는 신체 반응이에요. 부교감 신경계가 활성화될 때는 '측은지심惻隱之心'이 생긴대요. 그래서 우리 싸우다가 눈물이 핑 터지면 그런 생각이 들죠. '너도 불쌍하고 나도 불쌍하고. 이게 뭐하는 짓이냐.' 그러면서 상대방을 이해하고 싶어지고, 보살피려 하고, 그를 위한 행동을 시작하게 됩니다.

나아가 '원래 저런 사람이 아니었는데, 오죽하면 저러겠나?' 싶으면서 '저 사람을 이해하고 돌봐야겠다.'까지 생각이 미치면 마음이 편안해지면서 희망적이고 긍정적이고 평화롭고 미래 지향적인 느낌이 든다는 거예요.

신체적으로는 글루코스가 필요하지 않아지니, 혈압이 낮아져요. 그러니까 심장도 천천히 뛰게 되고요. 그러면서 면역 글로불린A가 많이 나오게 된대요. 그래서 면역력도 좋아지는 겁니다.

오지에 가서 봉사하시고 그런 분들이 건강하게 오래 사시는 경우가 많아요. 과학자들은 그 이유를 '타인을 위한 일을 하는 사람들은 부교감 신경계가 활성화되기 때문'이라고 말합니다.

스트레스가 너무 높은 상황에서는 조직 구성원들의 신체 예산이 거기로 너무 많이 빠져나가기 때문에 성과가 날 수가 없어요. 그래서 일단 스트레스 레벨을 낮춰야 합니다. 그래야지만 그 다음 처방을 할 수 있어요. 스트레스가 끝까지 차오른 상태에서 조직 활성화한다고 이런저런 활동을 하는 경우가 있어요. 그건 썩은 재료 위에 양념 퍼붓는 것과 같거든요. 점점 더 나빠지죠.

그러면 어떻게 부교감 신경계를 활성화시켜 스트레스를 줄일 수 있을까요? 지금부터는 그것에 대해 이야기해보겠습니다.

부교감 신경을 활성화시키는 법 1.
봉사

스트레스 어떻게 푸십니까? 먹어요? 맞아요. 매운 걸 먹으면서 스트레스 푼다는 분들 많이 계세요. 단 것 먹는 분들도 계시고요.

사람의 기분을 좋게 해주는 대표적인 호르몬이 두 개 있어요. 하나는 '도파민'이고요 하나는 '세로토닌'이에요. 맵다는 감각은 미각이 아니라 통각입니다. 그래서 매운 걸 먹으면 통증을 느끼죠. 이 통증을 완화시키기 위해서, 이걸 참게 하려고 우리 뇌에서 도파민이 나옵니다. 그래서 기분이 안 좋더라도 잠깐 쾌락을 느낄 수 있는 거예요. 도파민으로 느끼는 일시적인 쾌락은 스트레스 해소에 별로 도움이 되지 않습니다. 그리고 도파민은 중독성이 있어요. 그래서 점점 더 강한 것을 찾게 되죠.

단 것 먹는다는 분도 계신데요, 단 음식을 먹을 때 스트레스가 줄어드는 게 임상적으로 밝혀졌어요. 하지만 부작용이 너무 심하죠. 단 거 계속 먹으면 살쪄요. 건강을 해칩니다.

이렇게 음식은 순간적으로 잠깐 부스팅되는 그런 느낌은 주지만 근본적인 행복을 주지는 못해요.

술도 많이 드시는데, 술은 교감 신경계를 자극하는 대표적인 물질입니다. 그래서 술을 많이 마시면 비관적인 생각이 들어요. 다음 날은 숙취로 기분 나쁘고요. 담배도 마찬가지입니다.

또 여러분 스트레스 풀기 위해 뭘 하십니까? 운동이요? 운동을 하면 땀으로 스트레스 호르몬 쫙 빠져나갑니다. 사우나 하는 것도 좋고요. 이때 흘리는 땀에서는 스트레스 호르몬이 검출이 안 된답니다. 운동은 아주 좋은 스트레스 해소법이에요.

부교감 신경을 활성화시키기에 가장 좋은 활동은 '봉사'입니다. 조건 없이 남을 도우면 엔도르핀이 다량 분비되면서 기분이 좋아지는데요, 그것이 신체에도 좋은 변화를 일으켜요. 이것을 '헬퍼스 하이Helpers High'라고 합니다. 연말 되면 회사에서 이웃돕기 행사 많이 하시죠. '보여주기식 사회 공헌 활동이다.' 이런 말들 많은데, 적어도 그 안에서 봉사를 하는 사람들은 헬퍼스 하이, 즉 심리적 포만감을 느끼게 돼요.

이것은 어떤 일을 대가 없이 했을 때만 느끼는데요. 똑같은 활동을 하더라도 대가를 받으면 심리적 포만감이 없대요. 대가를 받지 않고 다른 사람한테 봉사하는 활동이 부교감 신경계를 활성화시키고, 면역 글로불린A를 생성한다는 거죠.

대단하게 어디 가서, 누구를 돌보고 이런 게 아니라 일상에서 다른 사람들에게 조금씩 도움을 주는 것도 봉사에 해당됩니다. 무거운 짐을 같이 들거나 기부를 하거나 이런 행동들이 모두 부교감 신경을 활성화시켜 심리적으로 긍정적인 영향을 끼친다는 거예요.

그래서 봉사는 도움을 받는 사람, 도움을 주는 사람 모두에게 굉장히 이로운 활동이다 이렇게 말씀드립니다.

부교감 신경을 활성화시키는 법 2.
마음 가라앉히기

저는 5년 정도 해온 아침 리추얼ritual이 있어요. 일어나자마자

CD 플레이어를 틀면, 바흐의 무반주 첼로 연주곡 1번이 나옵니다. 음악을 들으면서 과일을 준비하고 차를 내려요. 과일 위에 그릭요거트를 얹어서 천천히 먹습니다.

아침에는 스트레스 호르몬이 많이 나와요. 잠들었던 몸을 움직이기 위해서 몸이 많은 에너지를 필요로 하기 때문이에요. 그래서 신체 에너지를 최소한으로 사용하고 부교감 신경을 활성화시키기 위해 이렇게 조용한 클래식 음악을 듣고 좋아하는 일을 하면서 몸을 깨우는 겁니다. 여러분도 중요한 회의나 협상이 있는 날에는 조용한 클래식 음악을 들으세요. 가볍게 걷거나 뛰는 운동을 하며 전날의 스트레스 호르몬을 내보내는 것도 좋습니다.

요즘 '에코 테라피eco therapy'가 인기입니다. 자연과 함께 하는 시간을 늘리면 스트레스가 줄어든다는 건데요, 숲이나 공원에 가는 것 아주 좋고요. 그게 어렵다면 책상에 화분 하나라도 올려놓는 게 좋다고 하네요. 자연과 함께 하는 시간이 많으면 부교감 신경이 활성화되고, 세로토닌도 활발히 분비됩니다.

다음은 '호흡법'입니다. 호흡을 참거나 뱉을 때 부교감 신경계가 활성화되는 원리를 이용하는 거예요. 제가 추천하는 건 '수면 호흡법'인데요, 4초간 숨을 들이마시고 7초간 참고, 8초간 숨을 내뱉는 겁니다. 쉽죠? 이렇게 몇 회 하고 나면 불면증 환자도 잠을 잔대요. 임상적으로 확인이 된 거고요. 저는 흥분도가 높아질 때, 긴장될 때 이 수면 호흡법을 사용합니다.

한 번 해볼까요?

숨 들이마시기. 하나, 둘, 셋, 넷.
숨 참기. 하나, 둘, 셋, 넷, 다섯, 여섯, 일곱.
숨 내뱉기. 하나, 둘, 셋, 넷, 다섯, 여섯, 일곱, 여덟.

이 호흡법이 우리가 생각하는 것보다 훨씬 효과가 좋아요. 요즘 명상이 유행이잖아요. 명상이 결국은 잠시 멈추는 거예요. 당황스러운 상황에 놓였을 때 멈추고 이성적으로 생각할 수 있어야 하는데, 우리는 보통 멈추지 못하고 들이받거든요.

특히 요즘처럼 변화가 일상인 시대에는 의도적으로 멈추지 않으면 그냥 휩쓸려갑니다. 예전에는 명상이나 호흡법이 그다지 주목받지 못했어요. 그런데 요즘은 가만히 있어도 상황적으로 부정적인 감정이 생기니까, 이것을 잘 다스리는 것이 중요하다고 말씀드립니다.

특히 리더라면 앞에서 말씀드린 다양한 활동을 통해 부교감 신경계를 활성화시키고 나서, 중요한 의사결정을 하셔야 합니다. 이

건 의무예요. 각자에게 맞는 스트레스를 해소법을 꼭 찾아 실천하시길 바랍니다.

부교감 신경을 활성화시키는 법 3.
비전 제시

비전을 제시하는 것도 부교감 신경계를 활성화시키는 활동이에요. 미래의 일을 생각하면 기분 좋잖아요. 여행 갈 때와 비슷하죠. 여행 가기 전, 여행 중, 여행 갔다 와서. 언제가 제일 좋아요? 가기 전이 제일 좋죠. 기대와 설렘으로 잠도 못 잘 만큼요. 하지만 가보면 어때요? 고단해요. 상상과 달라서 실망하기도 하고요. 비전이 이루어지면 가장 좋겠죠. 하지만 꿈을 가지고 사는 것만으로도 큰 행복감을 느낄 수 있습니다.

리더가 구성원들에게 "이 산을 오르자!"라고 합니다. "산에 올라가면 이런 것도 있고, 저런 것도 있고, 우리는 행복할 거야."라면서 올라가요.

그런데 사실 이런 행동을 하는 리더 자신도 확신이 없을 수 있어요. 그런데 구성원들의 사기가 떨어지면 안 되니까, 계속 즐거운 상상을 하게 해요. 리더는 마음 속으로 덜덜 떨고 있을 수도 있겠죠. '이 산이 아니면 어떡하지?' 하는 의심이 끊임없이 들 테니까요. 그런데 뒤에서 따르는 사람들은 '잘 쫓아만 가면 되는구나.'라는 마음으로 임하니까 불안이 굉장히 낮아지죠.

만약 산 꼭대기까지 갔는데 이 산이 아니야, 그럼 어떻게 해요? 리더가 얼른 사과하고 다른 산을 목표로 세우면 돼요. 성공한 사람들이 많이 하는 말 중 하나가 "미안하다."래요. 다음에 올라갈 때는 노하우도 생기고 체력도 길러져서 아무래도 덜 힘들겠죠. 금방 올라갈 수 있어요.

비전은 그 자체로 조직에 도움이 됩니다. 부교감 신경계를 활성화시키고 심리적 안전감을 주기 때문이에요.

부교감 신경을 활성화시키는 법 4.
쿠션 언어

'언어' 역시 신체 예산을 높이고 부교감 신경계를 활성화시키는 중요한 요인 중 하나입니다.

내가 하는 말은 누가 제일 많이 듣죠? 내가 제일 많이 듣습니다. 그런데 내가 어떤 말을 하느냐에 따라서 뇌에서 활성화되는 부분이 달라요. 우리 뇌는 시시때때로 반응하기 때문에 내가 말 한마디, 생각 하나를 어떻게 하느냐에 영향을 받습니다. 앞에서 '지금의 경험은 미래 감정과 사고의 토대가 된다.'고 말씀드렸잖아요? 그래서 지금 긍정적인 말을 하고, 긍정적인 생각을 하는 것이 중요합니다.

언어를 통제함으로써 감정을 통제할 수 있어요. 무심코 내뱉는 말도 이왕이면 긍정적인 언어를 쓰는 것이 좋습니다. '감사'의 장점에 대해 많이들 들어보셨죠? 감사를 표현할 때 '옥시토신'이라는 사랑의 호르몬이 나와요. 여성이 아이를 낳을 때 '옥시토신 샤워'라 할 만큼 옥시토신 호르몬이 많이 분비된대요. 그 덕분에 출산의 고통을 잊을 수 있고, 또 아이를 낳을 수 있는 거라고 하죠. 그 정도로 강력한 힘을 가지고 있습니다. 그래서 여러분이 '고맙다.'는 말을 하는 순간 몸에는 강력한 긍정적인 기운이 퍼집니다. 응원하는 말, '잘 하고 있어.', '괜찮아.', '사랑한다.' 이런 말도 감사와 같이 신체 예산을 높이는 데 도움을 줍니다.

저는 리더들에게 '웬만하면 직원을 질책하지 말라.'고 해요. 부정적인 감정이 올라와서 일이 잘 안 되고, 관계도 나빠질 수 있거든요. 그런데 일을 하다보면 화를 낼 일이 생기죠. 그럴 땐 말 머리에 '사랑하는'이라는 말을 붙이라고 합니다. "사랑하는 김 대리!" 이렇게요. 그러면 강의장이 뒤집어집니다. 민망해서 절대 못 한다고요.

내가 누구 때문에 화가 났어요. 그러면 순간적으로 욱하죠. 그러면서 어떤 단어가 나와요? "야!" 하면서 소리치게 됩니다. 그 다음엔 좋은 말이 안 나와요. "너 이 자식, 내가 이렇게 하지 말라고 했지?"부터 시작해 갖은 인신공격이 나오고, 앞으로 이렇게 하면 잘라버리겠다는 둥, 협박까지 하게 돼요. 교감 신경이 활성화되고 안 좋은 감정이 쏟아지는 겁니다. 말하는 사람 듣는 사람 모두요. 그리고 나면 관계가 틀어지고, 꼴도 보기 싫어지는 거예요.

반면에, "사랑하는 김 대리"로 시작하면 어떨까요? "이번 일 어떻게 처리할지 생각해 봤나?" 정도로 이어지지 않을까 싶네요. 실제로 사용해 본 분들의 말에 따르면 그 다음에는 질책보다는 부탁하는 말을 하게 된대요. 그리고 듣는 사람은 어떨지 모르겠지만, 일단 리더 자신은 마음이 되게 가볍대요.

다들 공감하실 거예요. 야단치고 질책하고 이런 것도 힘들어요. 그런데 '사랑하는 어쩌고' 하면서 말을 시작하면 톤 다운되기 때문에 내가 덜 힘들다는 거죠.

타인에게 안 좋은 말을 쏟아내면 기분이 좋지 않아요. 내 교감 신경이 활성화된 거니까요. 그리고 수치심도 들어요. 미안한 마음도 들고요. 그러면 이성이 출동해서 합리화를 합니다. '저 인간이 욕 먹을 짓을 한 거야. 평소에도 못 미덥더니, 이 중요한 순간에 또 저러잖아.' 이러면서 상대를 안 좋게 평가하게 돼요. 그럼 순간적으로 마음은 편할 수 있겠지만 결국 자괴감을 느끼는 건 나예요. 그만큼 별로인 사람들과 같이 일하는 리더가 되는 거니까요.

그래서 안 좋은 말은 나한테 도움이 전혀 되지 않습니다. 요즘 젊은 친구들 보면 욕을 너무 많이 하잖아요. 안 좋은 거예요. 자기가 욕하고 자기가 제일 많이 듣죠. 자기한테 원투 펀치 계속 날리는 것과 똑같아요. 결국은 마음과 몸이 다 망가집니다.

의식적으로 '괜찮아, 사랑해, 고마워, 애 썼어.' 같은 말을 많이 사용해야 합니다. 서로서로 좋은 말을 하면 이 신체 예산이 올라갑니다. 나쁜 데로 에너지가 빠져나가지 않으면 자연히 창의성, 융통성, 실행력이 올라가죠. 그렇게 조직이 심리적 안전감을 갖출 수 있게 됩니다.

마지막으로, 무조건적인 사랑과 지지를 보내고, 공감할 수 있는 관계를 만드십시오. 저는 상담 심리학을 공부했는데요, 심리 치료사가 미국에서 이혼율 1위, 자살률 1위인 직업군이에요. 상담가들은 주로 교감 신경이 활성화된 사람들을 만나 계속 나쁜 애기만 들으니까, 내 기분도 점점 나빠지는 거예요. 그래서인지 수업 시간에 '자기 감정 관리하는 법'을 아주 중요하게 가르쳐요. 자기 감정을 추스르는 데 꼭 필요한 존재가 '좋은 관계에 있는 조직 바깥의 사람'입니다. 나를 믿고 지지하고, 때로는 조언해줄 수 있는 사람을 만나 묵은 감정을 풀어내야 한다는 거예요. 리더 분들에게는 저 같은 코치가 그런 역할을 하게 되겠죠.

부교감 신경을 활성화시키는 법 5.
경청하고 인정하기

'좋은 조직 문화'의 중요성을 많이 이야기하는데요, 조직 내 사람들 간의 관계가 성과에 직접적인 영향을 미치기 때문입니다. 그러면 어떻게 해야 관계가 좋아지냐? 저는 '경청과 인정하기'를 알려드립니다.

'경청'은 말 그대로 '이야기를 들어주는 것'입니다. 경청 중요하다는 얘기, 20년은 들은 것 같아요. 잘 안 돼서 그래요. 중요한데, 잘 안 되고 어려우니까, 계속 얘기하는 거예요.

커뮤니케이션의 기본 중의 기본은 경청인데요, 특히 협상에서 경청이 힘을 발휘한다고 합니다. 상대방의 의중을 파악해야 나에게 상황을 더 유리하게 끌어올 수 있기 때문이에요. 또 잘 들어주면, 상대는 존중받는 느낌을 받습니다. 그렇게 긴장이 풀리면 협상도 당연히 잘 이루어지겠죠?

누구든지 내 얘기를 잘 들어주는 사람을 좋아합니다. 직장이나 가정에서 뿐만 아니라, 택시 안에서, 물건 사러 갔을 때 등 어떤 상황, 어떤 환경에서든지 그래요. 자기 이야기만 계속 하는 사람은 환영받지 못합니다. 반대로 경청하면 상대방이 나를 좋아하게 돼요. 특히 요즘은 '옳고 그름'보다 '더 좋아하고, 안 좋아하고'가 중요한 것 같아요. 때로는 내 말을 잘 들어준 사람에게 뭐든 막 퍼주기도 해요. 경청을 통해 사람의 마음을 사는 거죠.

다음은 '인정하기'예요. 요즘 아이들이 한참 토론을 벌이다가 "그래 인정." 이런 말을 하거든요. 저는 현명하다는 생각이 들었어요. 너 화난 거 인정, 너 잘난 거 인정, 너 열심히 한 거 인정. 이렇게 그 사람을 있는 그대로, 긍정적으로 받아들이는 거예요.

그러면 경청을 어떻게 잘할 수 있을까요? 경청에도 스킬이 있긴 해요. 하지만 그것만 가지고 완성되는 건 아닙니다. 요즘은 '잡담'을 많이 하라고 해요. 이게 심리적 안전감을 높이는 데 도움이 되거든요.

회의를 하는데 일 얘기부터 다짜고짜 시작할 때가 있고, 쓸데없는 얘기를 하다가 갑자기 "야, 일하자." 하고서 시작할 때가 있잖아요. 후자일 때 대체로 회의 결과가 좋아요. 잡담을 통해 "나는 너를 미워하지 않아. 나는 너랑 한 편이야."라는 표시를 하기 때문이에요. 그러면 앞에서 이야기했던 유치원생이 마시멜로 탑 쌓을 때처럼 간을 덜 보게 됩니다. 그래서 일 얘기가 금방 끝나요.

그런데 경직된 분위기에서 일 얘기만 하잖아요? 그러면 여기서 간을 엄청나게 봅니다. 상대가 나를 판단할 것 같으니까, '저 사람이 나를 얕보면 어떻게 하지?' 하는 생각에 더 경직되는 거예요. 이렇게 서로의 말을 경청해주는 열린 분위기가 굉장히 중요합니다.

한 20년 전에 삼성전자에서 여성 리더십 개발 프로그램을 만든 적이 있었어요. 그때 사내 여성 리더들을 쭉 인터뷰하면서 이 '조직에서 가장 어려운 점이 뭐냐?'고 물었어요. 가장 많이 나온 답이 뭘까요? '남자들이 술자리에 안 끼워주는 거.'래요. 남자들끼리 술자리에서, 담배 한 대 피우면서 너무 많은 정보가 오가고, 때로는 중요한 결정까지 내려진다는 거예요. 공식 회의는 그냥 그때 결정된 걸 전달하는 자리고요. 물론 지금은 시대가 많이 달라져서 그러진 않을 거예요. 제가 얘기하고 싶은 게 남녀차별 이런 건 아니고요. '왜 우리는 술자리나 담배 피우는 자리처럼 회의 시간에 말하지 못할까?' 하는 거예요. 이유는 하나예요. '심리적 안전감'

술 마실 때, 담배 피울 때는 헛소리 해도 되거든요. 그런데 회의 시간에는 허튼소리 하면 어때요? 분위기 싸해지죠. 말하자면 심리적 안전감이 굉장히 떨어진 상태인 거예요. 그러다 보면 서로 눈치만 보느라 길어지고, 결정나는 건 없고. 이런 지지부진한 상태가 계속 이어지는 거예요.

그래서 제가 추천하는 방법이 뭐냐, 업무 시간에 잡담을 많이 하라는 거예요. 그러면 심리적 안전감이 생겨요. 상대가 별로 중요하지도 않은 내 말을 귀 기울여 듣잖아요? 그러면 '저 사람이 나를 존중하는구나.', '저 사람이 나를 좋아하는구나.' 이런 생각이 들면서 마음을 열 수 있어요.

제 일인 '코칭' 역시 잘 듣는 능력이 꼭 필요한 직업이에요. 모든 사람들의 속마음을 듣는 것으로부터 제 일이 시작되거든요. 그래서 경청하는 기술을 많이 사용합니다.

경청의 핵심은 '이 사람은 내 편이구나.'라는 느낌을 주는 거예요. 일단은 말을 시작할 수 있게끔 열린 질문을 하는 것이 되게 중요해요. 열린 질문이 뭘까요? '어떻게'로 시작하는 말이 대부분 열린 질문입니다. '어떻게 지내셨어요?' 이건 열린 질문이에요. '그래서 어땠어요?', '그래서 어떻게 할 거예요?', '어쩌다 그렇게 됐어요?' 이런 말들 다 열린 질문입니다.

'이거 했어?', '언제 할 거야?' 이런 건 닫힌 질문이거든요. 닫힌 질문을 계속 받으면 취조당하는 것 같아서 기분이 나쁘고, 더 이상 대화를 하기 싫어져요. 그런데 열린 질문을 하면 달라요. 이를테면 회의를 할 때 "그거 했어?", "거기 고객은 뭐래?" 이렇게 묻는 게 아니라 "어떻게 돼가?"라고 묻는 거죠. 상대방에게 이야기할 기회를 주는 거예요. 그리고 "아, 그랬어?" 같은 추임새를 넣으며 듣다 보면, 상대방이 술술 말을 해요. 그러면 나는 정말 중요한 정보를 얻을 수 있고, 상대와 관계도 좋아지는 거죠.

열린 질문을 하고 나서는 3분에서 5분 정도는 상대방이 얘기하는 걸 쭉 들어야 돼요. 그래야 상대방에게 '이 사람이 내 얘기를 듣고 있구나.'라는 느낌을 줄 수 있어요.

부교감 신경을 활성화시키는 법 6.
언어적 경청과 비언어적 경청

지금부터는 경청의 기술을 알려드리겠습니다. 사람이 언제나

온 마음을 다해 경청을 하면 살 수가 없어요. 듣는 것도 에너지가 쓰이는 일이거든요. 경청에는 '언어적 경청'과 '비언어적 경청'이 있어요.

언어적 경청은 맞장구치는 말이에요. 대부분 한국 사람들이 언어적 경청을 잘 해요. "맞아, 맞아." 또는 "네, 네."하면서 말을 듣는 거예요. 친구나 동료 사이에서는 "진짜? 대박!" 같은 말도 좋고요, 팀원들과 이야기 할 때는 "그렇구나.", "그랬어?", "그래, 그래.", "어이구."같은 말을 쓰면 됩니다.

여기서 주의할 점이 있습니다. 상대방이 얘기를 하면 뭐든 도와주고 싶은 마음이 들기 마련이거든요. 그러다 보니까 조언하거나 충고하려 드는 경우가 많아요. 상대방이 요청하기 전에는 절대 하시면 안 돼요. 좋은 의도로, 아무리 중요한 얘기를 하더라도 듣는 사람들은 반기지 않아요.

코칭도 사실은 조언을 하러 가는 거예요. 그러나 요청하게끔 해서 상대가 결국 물어오면 답을 하는 형식이어야지, 내 맘대로 조언과 충고를 늘어놓으면 안 돼요. 그러면 내 얘기가 아무리 맞아도 상대방은 기분 나빠 하고요, 심지어는 내 말이 틀리다고까지 생각해요.

저의 코칭을 듣고 리더 분들이 현장에서 언어적 경청을 열심히 했대요. 그런데 몇 번 하다보니 이런 하소연을 하세요. "교수님, 상대방이 헛소리를 해도 맞장구 쳐줘야 합니까?" 맞아요. 이야기 하다 보면 당연히 쓸데없는 말, 틀린 말을 합니다. 그런데 그게 다 이유가 있어요.

사람은 처음에 누군가와 이야기를 할 때 안전하다고 생각하지 않거든요. 그래서 곁도는 얘기를 하면서 '이 사람에게 내 속마음을 진짜 말해도 되나?' 테스트 해요. 여러분은 그 테스트를 통과하셔야 이 사람의 진짜 얘기를 들을 수 있어요. 그러면 이런 헛소리에 어떻게 반응해야 하냐? "그럴 수 있겠구나.", "그렇게도 생각할 수 있겠구나." 하는 식으로 유보적인 입장을 취하며 맞장구치면 됩니다. 그러면 말하는 사람도 직감적으로 자기 말에 동의하지 않는다는 걸 알아요. 하지만 '그럼에도 불구하고 내 얘기를 들어주는구나.'라고 생각하기 때문에 고마운 마음이 듭니다.

예를 들어, 내가 리더인데 부하 직원이 들어와서 서로 욕을 해요. 그럼 거기서 맞장구 칠 수 있나요? 그렇다고 야단칠 거예요? 그럴 땐 "그런 일이 있었어? 그랬구나.", "그래서 그랬구나. 내가 알고 있을게." 이 정도로 마무리하시면 됩니다. 이런 것들을 한 3분에서 5분 정도만 하면, 상대방이 '아, 내 생각에 동의하지 않는구나. 이제 다른 얘기로 돌려야겠다.' 이렇게 생각하거나, '내 얘기를 들어줄 사람 같으니 이제부터 진짜 얘기를 해야겠다.' 마음먹는 거예요.

다음은 비언어적 경청이에요. 얘기를 들을 때 뭐가 제일 중요할까요? '아이콘택트'요? 네, 아이콘택트 중요합니다. 그런데 많은 경청의 기술 중에 아이콘택트는 굉장히 강한 기술에 속해요. 무슨 뜻이냐면, 얘기하는데 상대가 나를 너무 뚫어지게 쳐다보면 부담스럽잖아요. 그래서 역효과를 일으킬 수 있다는 거예요. 아이콘택트가 너무 강하면 정답을 말해야 할 것 같은 부담을 느끼게 돼요. 그래서 '눈 맞춤을 하되, 내 시선에 가두려 하지 말아라.' 이렇게 말합니다. 찾아다니면서 눈 맞추는 사람 있는데요, 정말 불편해요.

그래서 아이콘택트를 하라는 말이, 계속 눈을 맞추라는 뜻은 아니고요. '시선을 피하지 마라.' 정도로 이해하시면 됩니다. 눈을 맞추기 위해서는 자리도 굉장히 중요해요. 시선이 어떻게 닿는 자리가 좋을까요? 전문가들은 '45도' 위치에 앉으라고 해요. 정확히 마주 앉는 건 긴장을 유발해요. 45도 위치에 있으면 적당히 가깝게 느껴지고요, 시선도 붙였다 떼었다 할 수 있습니다.

그리고 불편한 얘기를 할 때는 눈을 마주치지 않는 것이 낫기도 합니다. 초기의 상담자들은 내담자가 편히 자기 이야기를 할 수 있도록 눈에 띄지 않는 곳에 있었대요. 의자 뒤, 책상 뒤에 숨 듯이 하면서 자신의 존재를 인지하지 못하게 했다는 거죠. 사실은 가장 편히 얘기할 수 있는 자리는 '옆'이에요. 상대방의 시선으로 부터 완전히 자유롭고, 약간의 스킨십도 할 수 있죠. 그래서 이 사람을 설득해서 뭔가 같이 해봐야겠다, 하면 바^{bar} 같은 곳에 가서 옆에 앉아 대화하라고 조언 드려요. 그러면 훨씬 더 깊이 있는 이야기를 할 수 있어요. 무조건 얼굴을 똑바로 마주보고 앉는 것만이 능사는 아니다. 이걸 말씀 드리고 싶고요.

표정은 어떻게 하는 게 좋을까요? 상대방과 비슷한 표정을 지으면 가장 좋습니다. 웃는 표정이 좋다고 생각해서 상대방이 말하는데 계속 웃고 있어 봐요. 특히 심각한 얘기 할 때는 어때요? 기분 나빠요. '저 사람 내 말을 별로 중요하게 듣지 않는구나.' 생각하게 될 거예요. 반면 상대방이 화를 낼 때는 진정하라는 의미로 처음에는 다소 경직된 표정을 지을 필요도 있습니다.

몸짓으로 경청하고 있다는 것을 표현할 수도 있어요. 고개를 끄떡끄떡 한다거나, 손뼉을 친다거나, 하이파이브를 중간에 한다거나. 이런 것들도 도움이 됩니다.

그리고 단 둘이 대화할 때 목소리 톤은 끝을 내리면서 흐리는 것이 좋아요. 둘이서 얘기하는데 프레젠테이션 할 때처럼 끝을 딱

딱 끊어서 말하면 상대방이 부담을 느낀다는 거죠. 질문할 때도 마찬가지로 끝을 내리라고 이야기합니다. 제가 얼마 전에 영국에 갔다왔는데 영국 사람들이 말을 정말 예쁘게 하더라고요. 발음은 딱딱한데 말 끝마다 계속 '러블리!'라는 감탄사를 넣는 거예요. 그리고 질문을 할 때 끝을 내리더라고요. '이거 나한테 질문을 한 거야?' 싶을 정도로 헷갈리는 상황이 제법 있었어요. 그런데 공격적으로 '너 답해봐!'라고 질문하는 것보다 굉장히 부드럽고 부담 없이 받아들여지더라고요.

이렇게 내가 적극적으로 상대방의 이야기를 들으면 관계는 저절로 좋아집니다.

부교감 신경을 활성화시키는 법 7.
인정하기

그 다음은 '인정하기'입니다. 이건 '칭찬하기'와는 좀 달라요. 먼저 비디오를 하나 보고 가죠.

어떻게 보셨습니까? 제가 교육할 때 이 비디오를 자주 활용하는데요, 100명 정도가 다 같이 운 적도 있어요. 왜 저렇게 못했을까? 미안한 마음도 들고, 만감이 교차한다고 하시더라고요.

영상에서 본 것은 칭찬보다는 '인정하기'에 더 가깝습니다. 교육 심리학자들은 아이들 칭찬하지 말라고 해요.

칭찬의 부작용에 대해 들어본 적 있으실 거예요. 어떤 일을 잘했을 때 '잘 했다.'라고 얘기해주는 건데, 이게 사람을 조작할 수 있다는 연구 결과가 나온 거예요. 왜 '칭찬은 고래도 춤추게 한다.'라는 말이 있죠? 그런데 생각해보면 왜 고래가 춤을 춰야 됩니까? 고래는 고래 인생이 있는 거예요. 칭찬에 놀아나는 고래들은 동물원 공연장에서 춤추게 돼요. '나는 고래이기 때문에 춤 안 춰.' 이런 녀석들은 결국 바다로 가게 되고요.

아이에게 칭찬을 너무 많이 하면 칭찬에 길든 사람이 돼요. 이들은 부모에게 받았던 것처럼 다른 사람한테도 계속 칭찬을 받길 원하거든요. 그런데 다른 사람들은 나한테 그렇게 관심이 없어요.

그리고 똑같은 행동을 하더라도 어쩔 때는 칭찬받고, 어쩔 때는 혼이 나거든요. 사회에는 다양한 사람과 다양한 상황이 있으니까요. 그러면 다른 사람에게 휘둘리는 우울한 삶을 살게 됩니다. 사람은 자신의 가치와 비전을 정립하고 그것을 추구하며 살아야 행복해요.

그러면 칭찬하지 말고 뭘 해야 될까요? '인정'하라, 이거예요. 뭘 잘해서가 아니라, 그 사람의 긍정적인 면을 있는 그대로 봐주는 거죠. 비디오에 나온 아이들이 한 게 바로 인정하기입니다. 어떤 특별한 노력이 아니라, '엄마가 해주는 밥 먹으니 행복해요.', '아빠의 불룩 나온 배가 좋아요.' 이렇게 그냥 있는 그대로 받아들여주는 거거든요. 칭찬은 어떤 '조건'이 붙잖아요. 그래서 칭찬받기 위해 계속 그 조건을 충족시키려 해요. 그래서 칭찬을 크게 받은 다음에는 오히려 불안이 커집니다. 다음에는 그런 칭찬을 받을 수 없을까봐요.

인정하기에는 이런 불안이 없어요. 한 인간으로서 개인에게 내재된 가치, 좋은 면을 바라보고 그 자체를 알아보고, 좋게 평가하는 거니까요. 인정받은 사람 입장에서는 내가 어떤 상황을 만들기 위해 특별히 노력한 게 아니기 때문에 사라질까 두렵지 않아요. 그래서 인정은 심리적 안전감을 높입니다.

만일 누군가 저에게 '심리적 안전감을 주기 위해 필요한 것 딱 한 가지만 말하라.'고 한다면 이 인정하기를 꼽겠습니다. 그만큼 중요해요.

그런데 말이죠, 인정하는 말 하는 게 생각보다 쉽지 않아요. 나를 내려놔야 가능한 거거든요. 개인의 성품이나 인간성을 인정하는 것은 비교적 쉬운데, 조직 생활을 하면 '상대의 감정'을 인정해야 하는 경우가 많아요. 내 생각에는 전혀 기분 나쁠 상황이 아닌데 누군가가 기분 나빠 하면, '그래 기분 나쁠 수 있겠구나. 네 기분은 나쁘구나.' 이렇게 인정해야 하는 거예요. 쉽지는 않지만, 그렇게 하면 자신의 감정을 알아봐 주고 인정해 준 사람한테 호감을 느끼게 돼요. 그래서 더 마음을 열고, 내 말을 더 귀담아 듣고, 나를 더 신뢰하며 나와 더 많은 시간을 보내고 싶어 합니다.

인정의 또 다른 효과가 '방어를 감소시킨다'는 겁니다. 즉, 핑계를 덜 댄다는 거죠. 연구 결과에 따르면 인정받은 경험이 있는 사람들은 자신의 잘못도 더 빨리 인정하고, 개방적인 사고를 가지게 된다고 해요. 자신의 오류를 감추려는 것이 아니라 드러내고 속 얘기를 더 많이 한다는 거죠. 조직적인 측면에서는 문제를 더 빨리 발견하고, 해결할 수 있어요.

인정하기는 이런 말로 시작하시면 돼요. "고생했다.", "고민 많이 했겠네." 특히 "아이고, 수고했다.", "아이고, 애 쓴다." 같은 말들은 평상시에 자주 써도 하는 사람, 듣는 사람 모두에게 전혀 부담이 되지 않아요.

보통 리더십 책에서 보면 '긍정적인 피드백을 먼저 주라.'고 하잖아요. 그런데 아무리 눈을 씻고 찾아봐도 긍정적인 면이 없어요. 그럴 때는 그냥 "고생했다." 한마디 하시면 돼요. 어떤 분이 그래요. "교수님, 전혀 고생하지 않은 게 너무 티 나면요?" 그럼 이렇게 말씀하세요. "애 썼다." 아무리 결과물이 별로라도 마음은 썼겠죠. 그걸 인정해주자는 거예요. 그러면 듣는 사람 어떨까요? 미안해요. 그게 인지상정이에요. 그러면서 저 사람한테 이제 더 이상 그러지 말아야겠다. 이런 생각을 갖게 되는 거죠.

또 인정하는 말을 하면 그 다음 이야기도 부드럽게 이어갈 수 있어요. "충분히 노력한 것처럼 보이는데, 이 부분은 조금 고치면 더 좋겠다." 혹은 "잘 했는데, 여기는 김 부장에게 조언을 들어서 보강하자."고 자연스럽게 말할 수 있다는 거죠. 앞에서 긍정적인 말 즉, 인정의 말을 한 다음에 나오는 부정적인 피드백은 수용할 가능성이 더 높아집니다.

인정과 관련해서 또 하나 말씀드리고 싶은 말하기 기술은 'I-메시지(나-메시지)'예요.

시내에 큰 광역버스들이 많이 다니는 사거리가 있어요. 버스가 우회전 하는 코너에 구둣방이 하나 있는데요, 그 앞에서 사람들이 경적을 많이 울리나봐요. 그런데 주인 아저씨가 바깥에다가 "빵 소리 귀 찢어짐." 이렇게 써놨더라고요. '경적 울리지 마세요.' 이 게 아니고요. 이 글을 보고 저도 그야말로 '빵' 터졌어요.

이게 대표적인 I−메시지예요. 상대의 잘못을 지적하는 게 아니라, '내가 힘들어.' 이거예요. 그 글을 보면 사람들이 어떨까요? '아이고, 나 때문에 누군가 귀가 아팠구나.' 생각하고 경적 안 울리죠. 그런데 '경적 금지' 이렇게 써 놓잖아요? 그러면 '어딜 하라 마라야?' 하고 기분이 나빠져서 빵 울리거든요.

대화할 때도 "야, 너 정말 답답하다."가 아니라 "아이고, 나 답답하다." 이렇게 얘기하는 게 훨씬 더 관계에 도움이 됩니다. 그래서 긍정적인 이야기를 할 때는 상대를 주어로 하시고, 부정적인 이야기를 할 때는 '내 생각엔 이건 이렇게 고치는 게 좋겠어.' '나는 그래.' 이런 식으로 '이건 내 생각일 뿐'이라는 전제를 깔고 말 하시는 게 갈등을 줄이는 방식입니다.

이를테면, 나는 열심히 하고 있는데 아래 직원들이 열심히 안 해요. 혹은 능력이 안 돼서 일의 진척이 안 돼요. 그럴 때 "우리 팀 능력이 이것밖에 안 됩니까?"라고 말한다면, 뭘 얻을 수 있을까요? 팀원들은 "우리도 열심히 하고 있어요!" 혹은 "안 되는 걸 되게 하는 게 리더 아닙니까?"라고 반박하고 싶어질 거예요. 그러니까 부정적인 얘기는 하지 말고, 긍정적인 쪽으로 초점을 맞춰야 합니다. "다들 고생했어요. 열심히 하는 게 보여서 고마워요."라고 말을 꺼내는 거예요.

결과가 좋지 않은 거, 일을 잘 못하고 있는 거 누구보다 자신이 잘 알아요. 하지만 리더가 이렇게 말을 하면 팀원들은 '나를 비난하지 않는구나.'하는 생각이 들어서 심리적 안전감이 높아지고, 말을 귀담아 들을 준비를 하게 됩니다.

자, 앞에서 칭찬은 오히려 독이 된다고 말씀드렸죠. 그런데 개인적으로 일을 잘한 직원이 있어요. 그럴 땐 어떻게 말하는 게 좋을까요? 결과를 칭찬하는 게 아니라, 그것과 연관된 이 사람의 성향을 언급하세요. 예를 들어, 일주일 정도 걸릴 일을 이 사람이 이틀 만에 해 왔어요. 그러면 "이야, 김 대리! 일주일 걸릴 일을 이틀 만에 하다니, 대단해!"라고 말할 것이 아니라, 이 사람의 성향, 성품, 능력을 칭찬해야 합니다.

"김 대리는 집중력이 참 좋네!" 혹은 "김 대리, 역시 책임감 있어!", "김 대리 덕분에 내가 다리 뻗고 자네." 같은 말을 통해 '그것을 잘 했다.'가 아니라 '그것 덕분에 네가 이렇게 괜찮은 사람이라는 걸 알게 됐어.'라는 식으로 변하지 않는 개인의 품성을 인정하는 말이 더 좋다는 거예요.

마지막 스킬은 방향을 제시하고 싶을 때 쓰는 기술입니다. 조직에서 바라는 모습과 다소 먼 구성원을 만났을 때 쓸 수 있는 방법이에요. 예를 들어, '이 사람이 조금 더 성실했으면 좋겠다.'고 생각한다면, 조금이라도 성실한 행동을 보일 때 "이 과장, 참 성실하다."고 말하는 거예요. 아직 그 상태가 되지 않았는데, 미리 인정하는 거죠. 이런 말을 몇 번 듣다 보면, '성실해야 하나?'를 거쳐 '성실해지고 싶다.'까지 생각이 미칩니다. 그렇게 자연스럽게 변화를 유도할 수 있습니다.

박항서 감독님이 이 기술을 쓰고 계시더라고요. 동영상으로 확인해 보세요.

CHAPTER 7

심리적 안전감을 높이는 방법 3

3단계. 리더의 취약성을 드러내라

앞에서 '인정하기'에 대해 이야기했어요. 그런데 이게 생각보다 쉬운 일이 아닙니다. 타인을 인정하기 위해서는 나를 먼저 내려놓아야 하기 때문이에요. 이렇게 리더는 때로 조직의 심리적 안전감을 위해 '스스로 자신의 취약성을 드러내야' 합니다.

리더십의 대가 맨프레드 케츠 드 브리스 교수는 이것을 '현명한 광대wise fool 리더십'이라고 얘기해요. 현명한 광대의 미덕을 아는 리더가 조직을 더 잘 운영할 수 있고, 본인 자체도 오래 일할 수 있습니다.

똑똑해서 일찍 리더 자리에 오르고, 성공을 맛본 사람들 많죠. 그들은 결국 50대 초반에 현역에서 물러나야 해요.

삼성의
세 CEO 이야기

삼성전자의 1951년생 CEO가 세 명 있었습니다. 가장 먼저 리더 자리에 오른 51년생은 진대제 전 정보통신부 장관이에요. 40대에 삼성전자 CEO가 되면서 엄청난 주목을 받았죠. 장관까지 하셨지만 지금은 일선에서 물러나셨어요. 그 다음으로 리더 자리에 오른 51년생은 황창규 전 KT 사장입니다. 이분은 KT 가서 제대로 일해보지도 못하고, 주로 검찰에 조사 받으러 다니셨죠. 마지막으로 리더 자리에 오른 51년생은 권오현 삼성전자 회장이에요. 이분은 삼성전자 사상 최대 실적을 내고, 그룹 내 최고 연봉을 받으면서 지금 일흔까지 현역으로 계세요.

이 세 분이 학력, 스펙 거의 다 같아요. 서울대, 스탠포드 졸업 하셨고요, 입사 시기도 비슷하시고요. 그런데 끝은 좀 다르죠. 권오현 회장은 소위 '대한민국에서 가장 성공한 직장인'이라 불려요. 샐러리맨으로서 최초로 대기업 회장이 된 분이시고요, 오랫동안 연봉도 한 해에 몇 십억 원씩 받으셨어요.

그런데 일반인들은 이분을 잘 모르죠. 최근 《초격차》라는 책을 내서서, 그 책을 통해 알려졌고, 그 전까지는 아는 사람이 별로 없었어요. 자신을 잘 드러내지 않는 성향이거든요. 진대제 전 장관님은 매일 언론의 주목을 받았어요. 제 생각에는 그래서 커리어가 길게 가지 못한 것 같아요. 시기 질투 하는 사람이 너무 많고, 어떻게든 끌어내리려 하거든요.

제가 한 모임에서 권오현 회장님을 뵌 적이 있거든요. 체구도 작고 왜소하세요. 카리스마와는 거리가 먼 외향이었죠. 어떤 분이 물었어요. "평범한 샐러리맨이 어떻게 그 자리까지 가셨어요?" 그러니까 권 회장님이 의외의 말씀을 하시더라고요.

"나를 봐. 내가 어디 저돌적으로 일하게 생겼나? 나는 몸이 약해서 야근을 못해. 내가 회사를 몇 십 년 다니면서 밤샘을 한 건 손에 꼽아. 나는 옛날부터 회의도 필요 없다고 생각을 해서 일주일에 한 시간 이상 회의를 안 해. 내가 임원 된 다음부터 계속 그랬어. 바쁜 사람들 불러 모아놓고 시간 낭비 안 해."

저는 깜짝 놀랐어요. 삼성전자 임원이 회의를 안 하다니 이건 말도 안 되는 일이거든요.

"그냥 앉아 있으면 자기 할 말 있을 때 알아서들 와. 그때 진짜 얘기가 나오기 때문에 판이 어떻게 돌아가는지 속속들이 알 수 있지. 회의 시간을 줄이면 내 시간도 많아지니까 생각도 더 많이 할 수 있어. 혁신적인 아이디어를 생각할 시간 말이야."

제가 삼성전자에 근무할 때 몇 가지 혁신적인 일이 있었는데, 그게 알고 보니 다 이분의 아이디어였더라고요. 그중 하나가 마케터 출신 임원을 인사 팀에 앉힌다거나, 엔지니어 출신을 마케팅 부서에 앉힌다거나 하는 임원 크로스 매치였어요. 그때 혁신적인 기획 많이 나왔어요. 이런 임팩트 있는 일을 아무렇지 않게 툭툭, 그것도 조직의 분열 없이 실행하는 거예요.

똑똑하지만 위협적이지 않은 사람들의 특징 중 하나가 구성원들의 반발을 사지 않는 거예요. 화려하지 않고, 나보다 조금 나아보이는 평범한 리더만이 할 수 있는 일이죠. 이런 분들이 길게 가요.

권위를 버리면
사람을 얻을 수 있다

취약성을 잘 드러내는 현명한 광대 형의 리더, 즉 자신의 부족한 점을 사람들 앞에서 현명하게 드러낼 줄 아는 리더의 전형을 저는 '나영석 피디'라고 생각해요. 1박 2일, 삼시세끼, 꽃보다 시리즈 등 나영석 피디가 연출한 예능 보신 분들은 공감할 겁니다.

피디는 프로그램을 총 지휘하는 사람이에요. 어찌 보면 아주 권위 있는 자리죠. 사실 출연자들이 함부로 대할 수 없는 그런 위치예요. 그런데 나영석 피디는 프로그램에 나오는 출연진이나 다른 제작진들에게 아주 만만한 사람으로 비춰져요. 무릎 꿇고 사과하고, 구박받고. 그런 모습이 계속 전파를 타면서 하나의 재미 요소가 돼요.

나영석 피디는 매번 슬리퍼에 반바지 입고 나와요. 그런데 그 사람이 자기네 회사 사장님보다 연봉을 더 받거든요. 십몇 년 동안 만드는 프로그램마다 히트를 치는 '같이 하고 싶은 리더'이기도 하고요. 제가 보기에는 나영석 피디의 팀은 심리적 안전감이 매우 높은 조직이에요. '나영석 사단'이라고 불리는 팀이 있더라고요. 연예인이나 스태프나 KBS '1박 2일' 시절부터 10년 넘게 같이 하고 있어요. 그 비결이 뭘까요? 연출 실력이 뛰어나기도 하겠지만, 이 사람과 같이 일하는 게 즐겁기 때문일 거예요.

심리적 안전감이 높은 회의 현장을 잠시 보여드리겠습니다. 나영석 피디가 연출한 프로그램 '강식당'의 메뉴 정하는 장면이에요.

뭘 느끼셨나요? 어떤 게 보이시던가요? 맞아요. 회의인데 저게 회의인지 잡담인지 알 수가 없어요. "겉절이 엄마한테 받아오면 안 돼요?" 막내가 이렇게 얘기합니다. 회사 회의 시간에 이런 말 하면 어때요? 아마 쫓겨날 거예요. 얘기하는 상황 자체가 편안하지 않으면 막내가 감히 이런 이야기를 할 수가 없어요.

또 뭐가 보이셨나요? 네, 말을 끊지 않습니다. 회의를 진행하는 리더는 나영석 피디인데, 절대 주도하지 않아요. 무슨 말이든 이어지게 그냥 두죠. 무슨 아이디어든 좋다 나쁘다 평가하지 않고, 계속 새로운 아이디어가 나오도록 둬요. 저런 이야기 2시간 듣는 거 쉽지 않습니다. 일반적인 방송국 제작진이라면 "아이고, 그런 의견 다 알았는데 이미 제작진 회의에서 이렇게 하기로 했어요." 라면서 중간에 끊었을 거예요. 그런데 그렇게 하지 않고 의견을 끝까지 들어요. 언제든 좋은 아이디어가 나올 수 있으니까요. 그 다음에 "좋은데, 우리는 이런 것도 생각해봤어. 어때?" 이렇게 말해요. 그랬더니 구성원들이 '좋네!'하고 맞장구치는 거예요. 자기들이 해결하지 못한 문제를 제작진이 대신 해결해 준 것 같은 느낌을 받겠죠?

마지막으로 저는 '이 팀 안에는 서열이 없구나.'라는 걸 느꼈어요. 옛날에 강호동 씨가 독불장군 캐릭터로 유명했잖아요. 그런데 최소한 나영석 피디의 프로그램에서는 그런 게 전혀 없어요. 그냥 50대 갱년기 아저씨, 이빨 빠진 호랑이, 옛날 사람 취급 받아요.

이 모든 것이 심리적 안전감 높은 조직을 만드는 힘이라고 생각합니다. 나영석 피디와 함께 '윤식당'이라는 프로그램을 한 윤여정 씨가 이야기를 하는데, 스태프 한 사람 한 사람이 그렇게 열정적으로 한대요. 프로그램은 너무 힘든데 사람들이 너무 좋아서 다시 하고 싶다고 얘기하더라고요.

앞에서 '나영석 사단'이 있다고 했는데요, 어떤 인터뷰에서 나 피디가 이렇게 말하더라고요. "프로그램 하나를 만들 때 보통 4명의 피디와 함께 일하는데요, 저는 프로그램 전체를 정확히 4분의 1해서, 같은 분량을 넣습니다."

분명히 그 안에서 더 잘하는 사람이 있을 거예요. 그렇더라도 이 원칙을 지킨대요. 누가 찍어온 영상이 더 재미있다고 그 사람 걸 많이 살리면 그 한 회는 재미있게 나올지 몰라도 팀워크에는 균열이 생긴대요. 그러면 10년 넘게 롱런하는 팀이 될 수가 없는 거죠.

나 피디는 하나하나의 성과보다는 팀원의 심리적 안전감에 더 포커스를 맞추는 겁니다. '내가 여기서 잘못하면 도태될 수 있어.' 이런 생각을 가지면 사람은 불안해져요. 그런데 그게 아니라, '최선을 다하면 4분의 1의 몫은 할 수 있어.'라고 생각하면 불안하지 않아요. 본인도 방송을 보면 알 거예요. '내가 맡은 부분이 부족하구나.' 그러면 자연스럽게 도움을 요청하거나, 더 노력하겠죠? 권력이나 통제가 없는 환경에서는 각자 다 알아서 열심히 하게 돼요.

리더가 카리스마로 휘어잡고, 강력한 영향력을 행사해서 일사불란한 조직을 만들 수도 있지만요, 요즘에는 구성원과 좋은 관계를 유지하며 길게 가는 리더십이 훨씬 회사 입장에서나 리더 개인 입장에서 좋다고 말합니다. 이런 분위기에서 창의적인 아이디어가 더 많이 나온다는 걸 알고 있는 거죠.

현명한 광대 리더십을 가진 리더는 '이끄는 사람'보다는 '돕는 사람'에 가깝습니다. 자신의 권위를 내려놓으면서 팀 구성원들이 하고 싶은 것을 잘할 수 있게 서포트하고, 사람들의 이야기를 잘 듣고, 새로운 아이디어를 존중하고, '내가 이 안에서 생존 경쟁을 해야 하는구나'라는 생각이 들지 않게 하는 리더가 바로 그런 사람이죠.

저도 이런 전략을 자주 써요. 강의 시작할 때 제 사진 보여드린 것 기억하시죠? 그것도 사실은 스스로를 희화한 거예요. 그렇게 나를 낮추잖아요? 그러면 청중이 더 편하게 생각해요. 강의 분위기와 반응도 훨씬 좋죠. 제가 어떤 회사에서 똑같은 강의를 10번

쯤 하면서 사진을 넣고 안 넣고 실험해봤어요. 사진을 안 넣으면 분위기 풀리는 데 1시간 넘게 걸려요. 그런데 사진을 넣으면 바로 분위기가 좋아져요. 제 이야기를 비판적으로 듣는 게 아니라, 아주 수용적으로 들어주십니다. 그러면 저도 강의할 때 더 힘이 나요. 그런데 가끔 진행자가 저를 되게 좋은 학교 나온 유명한 강사라고 소개하시는 경우가 있어요. 그러면 그날 강의는 분위기가 영 별로예요. 그래서 제 소개는 제가 직접 하겠다고 해요. 이렇게 대부분 사람들은 너무 잘난 사람보다 편한 사람을 좋아합니다.

구성원이 잘못했을 때, 어떻게 대처할까?

자, 취약성을 드러낼 줄 아는 리더, 현명한 광대형 리더가 되기로 결심했어요. 그런데 구성원이 실수나 실패를 했을 때는 어떻게 대응하면 좋을까요? 실제 상황에서 적용하기 쉽게 대화법으로 설명 드릴게요.

실수나 실패를 했을 때 구지 "잘했다."라고 얘기할 필요는 없어요. 그 사람이 느끼고 있는 감정을 읽어주는 것으로 충분합니다.

그래서 "놀랐겠구나.", "당황했겠다.", "속상하겠다." 이런 말을 먼저 해주세요. 다짜고짜 "왜 그랬어?" 이렇게 묻지 마시고요. 물론 수습할 생각을 하면 눈앞이 캄캄할 거예요. 그렇지만 여기서 가장 당황한 사람은 누굴까요? 당사자죠. 리더라면 그걸 알아야 해요. 명상에서 '멈춤'이 중요하다고 했잖아요. 감정이 확 올라올 때도 마찬가지예요. 있는 그대로 표출하는 게 아니라 거기서 한 번 멈추는 게 중요합니다. 일단 멈추고 나도 속상하지만 쟤도 속상하겠다. 이렇게 생각을 전환해야 돼요.

육아와 비교해 볼게요. 아이가 학교에서 잘못을 해서 선생님께 야단맞고 왔어요. 그러면 보통 부모님들 어떻게 해요? 이중 처벌을 하죠. 야단맞고 왔는데 거기서 또 야단을 칩니다. 그러면 아이는 기댈 데가 없는 거예요. 잘못한 거 충분히 알겠는데, 가장 믿는 대상인 부모님으로부터 또 마음의 상처를 받는 거죠. "괜찮아, 누구나 다 그럴 수 있다." 이렇게 얘기하는 사람이 없으면 이 아이는 점점 외로워지고 점점 날이 서고, 관용할 줄 모르고, 결국 나를 지킬 사람은 나 뿐이라는 믿음을 가지고 자기밖에 모르는 사람으로 성장해요.

거짓 칭찬이나 거짓 위로를 할 필요는 없습니다. 비아냥거리는 것처럼 들릴 수 있거든요. 대신 '해결'에 초점을 맞추세요. "지금부터 어떻게 해야 되지?" 같은 말을 통해 불안감을 해소시키고, 다음 스텝을 함께 구상하는 거예요.

옛날에는 잘못했을 때 바로 알려주는 게 좋다고도 했어요. 그런데 그건 아이들 얘기예요. 아이들은 오래 기억하지 못하거든요. 성인들은 잘못을 저지르면 앞에서 말한 것처럼 교감 신경계가 활성화돼요. 감정도 고양되고요. 그러므로 당황한 상황에서 잘못을 지적하는 건 별로 도움이 되지 않습니다. 오히려 상황을 악화시킬 뿐이죠.

그리고 '왜'를 묻지 마세요. '왜'라는 단어 자체에 비난의 뉘앙스가 있습니다. 내가 잘못한 상황이에요. 그런데 누가 "이거 왜 그랬어?"라고 물으면 어때요? 정말 '왜'가 궁금해서일 수도 있지만 괜히 변명해야 할 것 같은 기분이 듭니다. '이제 나 욕먹겠구나.' 이런 생각이 드는 거예요. 만일 정말 이유가 궁금하다면, '어떻게'라는 단어를 쓰세요. "어떻게 하다가(어쩌다) 이렇게 됐어?"가 덜 공격적으로 느껴집니다. 그래서 저는 "왜"라는 단어는 아예 리더의 언어 사전에서 **빼자**고 말해요.

그 사람의 순수했던 노력, 애썼던 것들을 있는 그대로 인정해 주세요. 결과적으로는 일이 잘 안 됐어도, "이렇게 된 게 속상하지만, 나는 네가 노력한 거 다 안다." 이런 식으로 말하면 상대는

'아, 내가 버려지지 않는구나.'라고 생각하겠죠.

덧붙이면 좋은 게 리더 자신의 과거 경험을 진솔하게 얘기하는 거예요. "나도 예전에 비슷한 실수를 했다. 하지만 그러면서 발전하는 거다." 혹은 "너만 이런 실수하는 것 아니다. 옛날에 ㅁㅁ이도 그랬지만 지금 잘하고 있다."는 식으로 성장하는 과정임을 차분하게 설명하는 것이 필요합니다.

다음은 '함께 성찰' 단계입니다. "이것 말고 다른 방법이 뭐가 있었을까?"라고 물으세요. 왜 이런 일이 생겼는지 알고, 다음에 같은 잘못을 반복하지 않기 위한 질문입니다. 대부분 답은 당사자가 가지고 있어요. 그래서 이 질문을 하면 '이렇게 했어야 되는데', '저렇게 할 걸 그랬어요.' 같이 발전적인 답을 해요. 그런데 호되게 야단을 맞잖아요? 그러면 사람은 보호기재가 발동해서 변명을 합니다. "제가 이러려고 한게 아니라요. 김 대리가 안 도와줘서 이렇게 된 거예요." 하는 식으로요.

함께 성찰을 통해 상대가 내가 애쓴 걸 알고, 나를 받아들인다고 생각할 때, 더 깊은 자기 성찰이 일어나면서 앞으로 같은 일이 반복될 가능성이 줄어듭니다. 그리고 비난하는 데 쓸 에너지를 대안을 찾아 해결하는 데에 쓰게 돼죠. 리더 입장에서는 감정 소모가 적어지니 이런 일이 반복되지 않도록 전반적인 시스템을 살피게 됩니다. 사람은 언제든 실수할 수 있는 존재이기 때문에, 시스템적으로 빈도를 낮출 수 있는 방법을 찾게 되는 거죠.

질문만 바꿨을 뿐인데 화는 덜 나고, 문제는 더 효과적으로 해결하고. 팀원에게 상처 주지 않아도 되고, 관계도 해치지 않게 되는 것입니다.

나를 낮추는 리더가
이끄는 조직에 일어나는 일

예상하셨겠지만 심리적 안전감이 높은 조직은 당연히 성과도 좋습니다. 앞에서 이야기했듯이, 심리적 안전감이 높아지면 몸 예산이 절약되고 부교감 신경이 활성화되어 창의력이 높아지거든요. 요즘은 창의력이 곧 생산력이고 성과이기 때문에 리더라면 무조건 심리적 안전감을 높이기 위해 노력해야 돼요. 심리적 안전감이 높은 조직에서는 구성원 각자가 최선을 다하게 된다고 말씀드렸죠? 개인의 IQ를 높일 수도 없고, 신체 능력을 향상시킬 수도 없어요. 그러니 리더가 성과를 높이기 위해 할 수 있는 유일한 일은 이것 뿐입니다.

지금부터 보실 건 박항서 감독의 인터뷰 영상이에요. 박항서 감독이 '베트남의 히딩크'라 불리는 거 아시죠? 전무후무한 성적을 내며 승승장구하다가 최악의 성적을 냈습니다. 그 직후에 한 인터뷰입니다.

이 경기의 가장 큰 패인은 골키퍼의 실수였습니다. 골키퍼를 비난하는 이야기가 많이 나왔죠. 그런데 팀의 리더인 박항서 감독이 "본인은 얼마나 더 속상했겠냐?"고 말하면서 책임지는 모습을 보였어요.

리더는 결국 책임지는 사람이에요. 앞에 나서서 빛나려 하기보다, 조직이 성과를 낼 수 있는 환경을 만들고, 실패도 성장의 한 과정으로 여길 수 있게 결과를 책임지는 모습을 보이는 것이 지금 같이 변화와 불확실의 시대에 중요한 리더십입니다.

사업의 성패, 팀의 성과 같은 예전의 평가 지표들은 이제 무의미한 경우가 많아요. 실제로 많은 기업들이 성과 측정을 그만두고 있습니다. 비즈니스 환경이 너무 복잡하고 빠르게 변하기 때문입니다. 다른 기업에서 간발의 차로 우리가 개발하던 것과 유사한 상품을 출시했다면 이 팀은 실패한 건가요? 그렇지 않거든요. 과정에서 얻은 것이 있을 테고, 이 상품을 개발한 기술로 그다음에 더 좋은 상품을 만들 수 있어요. 또 2등으로 출시된 상품이 가장 먼저 출시된 상품보다 더 히트하는 경우도 많아요.

그리고 좋은 결과물은 적합한 인프라, 여러 사람들의 아이디어와 협업을 통해 나오는 것이기 때문에 개개인의 능력을 평가하는 것이 사실상 불가능해요. 그래서 많은 기업들이 개인 성과 측정을 없애는 것입니다.

이렇게 변화하는 비즈니스 환경에서 리더가 개개인의 잘잘못을 따지고, 평가하는 심판자의 역할을 해서는 안 됩니다. 책임지는 모습을 보이면서 '같이 성장'을 추구하고, 10년, 15년 함께 가자는 믿음을 줘야지만 결국 좋은 성과를 내는 팀이 될 수 있어요.

CHAPTER 8

심리적 안전감을 높이는 방법 4

4단계. 리더의 진정성을 보여라

심리적 안전감이 높은 조직을 만들기 위해 리더가 할 마지막 일은 '진정성을 보이는 것'입니다. 진정성은 '언행일치'라 할 수 있어요. 겉과 속이 일치하게 행동하여 주변 사람들이 나의 정체성을 알 수 있게 하는 거죠. 심리적 안전감은 내가 '안전하다는 느낌'을 가질 때 생기는데요, 그러기 위해서는 모든 상황이 예측 가능해야 합니다. 리더의 가치 체계, 신념 체계가 언어와 행동으로 일관되게 드러난다면 구성원들은 안전감을 느낄 수 있습니다.

아이를 키울 때 양육자에게 가장 중요한 게 뭘까요? 여러 가지가 있겠지만 전문가들은 '일관성'이라고 말합니다. 부모가 일관되게 반응을 하는 거죠. 아이가 잘못을 하면 일관되게 야단을 치고, 잘하면 일관되게 칭찬해야 돼요. 그런데 대부분의 부모들이 자기 기분에 따라서 아이를 야단치고, 칭찬하거든요. 자기 기분 나쁘면 애가 잘못하지도 않았는데 막 소리치고요, 기분이 좀 좋으면 잘못을 해도 그냥 넘어갑니다. 아이들은 일정 나이까지는 옳고 그름을 판단하지 못하기에 양육자의 반응이 이 아이의 행동에 중요한 근거가 되거든요. 그런데 내가 어떤 행동을 하면 엄마가 화를 낼지, 아니면 기분이 좋아질지 예상을 할 수가 없어요. 그럼 어떨까요? 맞습니다. 늘 불안해요.

누가 이런 얘기를 해요. 자기 상사가 예전에 술 마시고 들어오던 아빠 같다고요. 어릴적, 술에 취해 들어와 엄마와 형제들을 괴롭히는 아빠를 생각하면 계속 불안했대요. 밤늦도록 아빠가 들어오지 않으면 밥도 잘 안 넘어가고, TV를 보다가도 문득문득 불안감을 느꼈답니다. 술 취한 아빠에게 괜히 야단을 맞거나 한 대 맞을 수도 있으니까요. 그런데 지금 다니는 회사의 상사가 딱 그렇게 예측이 안 된대요.

이런 리더와 함께 일하면 어떨까요? 회사 가는 것이 너무 조마조마하고요, 평온한 상태로 자리에 앉아 있다가도 어떤 전화를 받고 갑자기 화를 낼지 모르니 리더의 행동 하나하나, 일거수일투족이 다 신경 쓰입니다.

본인 삶이 통제가 안 되는 사람들이 의외로 많습니다. 그 불안이나 분노를 아이들, 직원들에게 여과 없이 풀어요. 그런 뒤에 자괴감에 빠지거나 후회하기도 합니다. 그래서 자신의 기분에 휘둘리지 않고, 철학과 원칙을 가지고 사람을 대하는 것이 정말 중요한데요. 이것을 '일관성'이라고 합니다. 이것보다 한 발짝 더 나아간 것이 '진정성'이에요.

일관성에는 도덕적 옳고 그름이 없어요. 예를 들어, 아이가 다른 데서 맞고 오면 야단치고, 때리고 오면 칭찬하는 부모들 있죠? 그런 집은 일관성은 있어요. 그런데, 그렇게 아이를 키우면 안 되잖아요. 도덕적으로 그른 일이니까요.

어떤 대기업에 코칭을 갔더니 임원의 별명이 '대리급 임원'이래요. 이 분은 서류를 가지고 가면 일명 '빨간펜 선생님'이 되세요. 맞춤법이랑 띄어쓰기를 꼼꼼히 보고 고쳐 주십니다. 이 분에게 올라가는 결제는 맞춤법이랑 띄어쓰기만 잘 되어 있으면 통과래요. 그래서 아이디어가 아니라, 문서 작성에 더 많은 공을 들이게 돼요. 하지만 리더가 그러면 안 되잖아요.

리더의 진정성은
행동의 기준을 만든다

일관성만 필요한 것이 아니라, 행동을 결정짓는 원칙 같은 것이 필요해요. 이것을 '가치'나 '신념체계'라고 하는데요, 이에 대한 깊이 있는 성찰이 필요합니다. '나에게 중요한 것은 무엇인가? 우리에게 중요한 것이 무엇인가?' 계속 질문하셨으면 좋겠어요.

만약 우리에게 '혁신'이 중요한 가치라면, 시행착오나 디테일이 부족한 것들은 부차적인 것이 될 수 있어요. '지금 하는 일이 혁신에 얼마나 이바지하는가?'만 보고 판단하는 것이고, 그것에 부합하는 행동만 하면 돼요.

이러한 가치나 신념은 조직이 '차선'을 선택해야 할 때 더욱 중요합니다. 지금처럼 바이러스가 창궐해요. 이때 우리에게 진짜 중요한 것은 무엇이냐는 것이죠. 생명이면 생명, 대외 관계면 대외 관계. 무엇이든 기준이 정해지면, 그것에 의해서 행동하면 돼요. 자국민 생명 보호가 가장 중요한 나라들은 국경을 닫을 것이고, 생명보다는 대외 관계에 따른 정치적 경제적 위치가 중요하다면 국경을 열어두겠죠. 그런데 이것이 당장 눈앞의 이익을 위한 것이냐 아니면 나라와 국민을 위한 진정성 있는 결정이냐는 지금까지 리더가 보인 말과 행동을 통해 유추할 수 있습니다. 국민들이 지금까지 생각했던 것과 비슷하면 진정성이 있다고 평가할 거고, 아니라고 생각하면 당황하고 반발할 것입니다.

어느 것이 옳고, 그른지는 알 수 없습니다. 각 사회마다 중요한 것이 다르니까요. 어떤 사회는 사람의 목숨이 더 중요하고, 어떤 사회는 자유와 평등이 중요하죠. 금전적인 이익이 더 중요한 나라도 있습니다. 독립운동 하시던 분들에게 중요한 것은 목숨이나 재산이 아니었어요. 〈동주〉라는 영화를 보면 독립운동 하는 분들이 이런 말씀을 하십니다. "인간이 다른 인간을 탄압하고, 국가가 다른 국가를 탄압하는 것은 옳지 않다."고요. 그래서 그들은 만주로 가서 독립운동에 목숨을 바칩니다. 분명한 가치체계가 있는 사람들이었죠. 갑자기 왠 독립운동 이야기냐고요? 진정성을 지키는 것은 독립운동을 하는 것만큼 힘들거든요.

그리고 성찰만큼 중요한 것이 '행동'입니다. 말은 생각이 조금만 있으면 그럴싸하게 할 수 있어요. 그런데 말을 행동으로 옮기는 것은 완전히 다른 레벨입니다. 우리가 정치인들에게 화를 내는 이유는 불법 행위를 했기 때문이 아니에요. 여태까지 해오던 말과 행동이 서로 다르기 때문이죠.

독립이 중요하다고 누구든지 말은 할 수 있습니다. 하지만 우리나라 사람들 대부분은 일제에 순응하고 살았어요. 그 와중에 아주 소수의 사람들이 자신들의 가치를 위해 목숨을 바친 거예요. 윤동주 같은 시인은 자신의 신념이 있음에도 다른 친구들처럼 목숨 바쳐 독립운동을 하지 못하는 것에 대해서 엄청난 심적 갈등을 느낍니다. 그의 시를 보면 스스로의 나약함에 분노하고, 자신이 할 수 있는 글쓰기로 저항을 하겠다는 신념을 읽을 수 있죠. 하늘을 우러러 한 점 부끄럼 없게 살아가겠다는 다짐은 자신의 신념에 부끄러움이 없고자 하는 청년의 마음입니다.

심리학자 에릭 에릭슨E. Erikson이 인간의 발달 단계를 이야기하면서 '친밀감을 쌓아야 하는 시기가 있다.'고 했어요. 그는 결혼을 해서 누군가와 친밀한 관계를 수십 년 동안 이어가는 것은 거의 살을 깎는 것과 같은 고통이라고 얘기했습니다. 사랑하는 사람과 신실한 관계를 맺는 것조차 엄청난 희생과 자기 검열, 인내가 요구되는데 직장에서 사람들과의 관계를 이어나가는 것은 어떨까요?

앞에서 육아에 비유했죠? 아이가 잘못하면, 소리치고 성질내지 말고 조용히 타이르고 가르쳐야 해요. 이게 정말 힘듭니다. 그래도 인내하면서 하는 부모들이 있어요. 그러면 아이는 심리적으로 안정되고, 불안정한 상황에서도 비교적 안전감을 느낄 수 있는 어른으로 자랄 가능성이 높아집니다. 심지어 앞에서 말한 술 취한 아빠 같은 상사 밑에서도 별로 동요되지 않고 일할 수 있어요.

리더가 진정성을 보이면
구성원이 먼저 알아채고 따른다

자신의 비즈니스나 조직에 대한 신념이 뚜렷하고 그것을 지켜 내기 위해 애쓰는 리더 몇 분이 기억나네요.

기업 코칭으로 만난 분 중에, 하시는 일에 굉장히 자부심을 가 진 임원이 계셨습니다. 산업 안전을 담당하는 분인데. 경영지원 부서에서 다른 일을 하면서 대학원을 다녀 산업 안전 관련된 박사 학위까지 받은 분이에요. 이분 신념에 제가 감동했어요. 우리나라 산업계에 노동자의 안전, 위험한 화학품 다루는 문제가 불거지자 마자 선제적으로 회사에 산업 안전과 관련된 부서를 만들어달라 고 강력하게 요청했고, 자기가 가진 인맥, 자원 다 동원해서 정말 우리나라에서 탁월한 전문가들을 모아 팀을 꾸렸어요.

그렇게 애정을 가지고 많은 일을 했는데, 문제가 생겼어요. 연 말에 평가를 해야 하는데, 상대 평가니까 누구는 평균 이하의 고 과를 줘야 했던 거죠. 열심히 안 한 사람 아무도 없었어요. 그런 데도 누구에게는 낮은 점수를 줘야 한다는 게 너무 마음에 걸렸나 봐요. 인사팀에 몇 번이나 찾아가서 '이 일은 물건 만드는 것 이상 으로 중요하다. 우리 직원 누구 하나 부족한 사람 없었다.'고 강력히 어필했대요. 그렇게 지난해 인사 평가에서 하위 고과 주는 것을 유보했다고 하더라고요. 일단 한 해는 넘겼는데, 다음은 어쩌나, 고민되잖아요? 그런데 어느 순간 직원들이 알아주더래요. 그렇게 일에 대한 신념, 직원들의 자부심, 책임감이 높으니까 주위에서 먼저 알아보는 거죠. 팀원들이 리더를 찾아와서 회사 상황 알고 있으니 너무 무리하지 마시라고, 그러다가 부서가 없어지기라도 하면 어쩌냐면서 위로하더래요.

이런 리더와 함께 일하는 사람들은 심리적 안전감을 느낄 수밖에 없죠. 위협받는다고 생각하지 않고, 안정적인 환경에서 일하기 위해서는 반드시 이 리더의 진정성이 있어야 합니다.

그런데요, 진정성은 있는데 성과가 잘 나지 않아 고민하는 리더들이 있어요. 저는 분명히 말할 수 있습니다. 자신의 철학을 가지고, 자신을 절제할 줄 알고, 중요한 것이 무엇인지 알고, 행동으로 옮기는 사람은 일시적으로 결과가 좋지 않아 실망은 할 수 있겠지만, 결국 목표를 이룬다고요. 어디로 갈지 알면, 잠시 길을 잃거나 넘어지더라도 다시 일어서서 갈 수 있거든요. 내릴 정류장 지나쳤으면, 바로 내려서 길 건너가지고 돌아가면 됩니다. 진짜 큰일은 어느 정류장에서 내릴지 모르는 거예요.

진정성은
세상을 바꾼다

자신이 하는 일이 다른 사람들과 사회에 어떤 영향을 끼치는지 알고, 그 일에 대한 신념을 가지고 꾸준히 행동하는 것이 중요합니다.

봉준호 감독은 자신의 영화를 통해 계층 불평등이나 첨예한 사회 문제를 이야기합니다. 첫 영화를 만들 때부터 봉 감독은 자신의 영화를 통해 더 좋은 사회가 되었으면 좋겠다는 신념을 가지고 있었어요. 사람들이 알아주든 그렇지 않든 그는 꾸준히 자신의 신념을 작품으로 표현했어요. 그러니 어느 순간 전 세계가 그의 목소리에 귀 기울인 거죠.

박항서 감독도 축구라는 스포츠가 사회에 어떻게 긍정적인 영향을 끼치는지 잘 알고 있습니다. 저는 아직도 제 인생에 있어서 가장 즐겁고 재밌었던 때는 2002년 월드컵인 것 같아요. 그 어떤 정치인도 우리를 그렇게 하나로 묶지 못했고, 그렇게 완벽한 행복과 자부심을 느끼게 하지 못했어요. 박 감독은 그런 일을 하고 있는 겁니다. 선진국으로 성장한 선배 아시아 국가의 일원으로서 할 수 있는 최선의 일이 아닌가 싶어요. 그 신념을 이루기 위해 성찰도 하고, 자신의 리더십 스타일도 과감하게 바꾸어 지금의 성과를 낸 거죠. 이처럼 리더의 진정성은 몇 가지 일회성 테크닉으로 보일 수 없어요.

안전하다는 것은 '마음'입니다. 내가 누군가의 마음에 들어가 영향을 미치고자 하는데, 내 마음을 쓰지 않는다면? 그건 사기겠죠. 처음부터 진심이 생기지는 않을 수 있어요. 그렇기 때문에 앞에서 제가 특정한 말, 행동 등을 알려 드린 거예요. 행동 심리학에서는 '행동이 신념을 바꾼다.'고 말합니다. 남다른 신념이 없더라도, 자신의 행동이 긍정적인 영향을 미치는 것을 확인하면 신념이 생긴대요.

아직도 효율성이 제일 중요하고, 누군가를 야단치고, 질책하고, 위협해야 성과가 나온다고 생각하시는 분들이 많아요. 잘못 아닙니다. 지금의 리더들은 그런 환경에서 성장했으니까요. 그저 내가 배운 것이 통하지 않는 새로운 시대가 온 것이고, 새로운 리더십이 필요하다고, 단순하게 생각하셨으면 합니다.

오늘 드린 말씀들 잘 생각해 보시고요, 누가 잘못을 했을 때 아무 생각 마시고 그냥 "너 많이 놀랐겠다."라는 말부터 건네세요. 그러다 보면 정말 그 사람의 놀란 마음, 당황하는 마음이 느껴지면서 딱하게 여길 수 있어요. 그렇게 여러분은 누군가의 방공호가 되어 있을 것입니다.

제가 준비한 내용은 여기까지입니다. 아무쪼록 여러분이 누군가에게 좋은 영향을 끼치는 데, 그리고 여러분의 안녕에 도움이 되었길 바랍니다. 감사합니다.

팬데믹,
성장과 몰락을 결정짓다

사실 이 강의를 진행할 때는 코로나 바이러스로 인한 혼란이 이렇게 오래 갈 것이라 예측하지 못했습니다. 과거 우리 사회를 발칵 뒤집었던 신종플루, 메르스 등의 전염병은 대체로 한두 달 안에 수습되었기 때문입니다.

그러나 시간이 지나면서 '이번에는 다르다.'는 생각이 들었습니다. 바이러스의 독성도 문제지만, 그것을 다루는 인간들의 환경이 매우 거칠어 보입니다. 지혜를 모아 이 난국을 헤쳐 나가야 할 때에 각국은 다양한 내부 문제로 인해 격한 갈등을 빚고 있습니다. 이 사태는 꽤 오랜 기간 지속될 것이며, 전쟁만큼이나 인류에게 많은 숙제와 상처를 남기지 않을까 예상합니다.

저는 이번 일이 성장의 계기가 되기를 바랍니다. 긍정심리학으로 유명한 심리학자 마틴 셀리그만Martin Seligman의 연구에 의하면, 보통 사람들은 아무리 끔찍한 경험을 하더라도 6개월 정도면 거의 잊고 본래의 생활로 돌아간다고 합니다. 그중 10~20퍼센트는 그 끔찍함에 매몰되어 여러 가지 실질적, 정신적 어려움을 안고 살아갑니다. 반면 10~20퍼센트의 사람들은 본인의 가능성을 발견하고 성장하는 계기로 삼습니다.

당신은 어느 쪽에 속하고 싶습니까? 지금은 이 모든 것이 지나간 뒤에 우리가 어떤 길을 가느냐를 결정짓는 시기입니다.

도덕 발달 이론을 제시한 하버드 대학의 발달 심리학자 로런스 콜버그Lawrence Kohlberg는 말년에 자신의 이론에 가장 상위 단계를 하나 더 설정했습니다. '가장 도덕적인 것은 자연의 법칙을 따르는 것'이라고 말입니다. 자연의 법칙이 무엇이냐 묻자, 그는 '나도 모른다.'고 답했습니다. 자연의 섭리 앞에 한없이 겸손해진 대가의 모습에 숙연해지면서도 그의 입을 바라보는 수많은 사람들에게는 당황스러운 순간이었죠. 우리가 그간 비즈니스의 법칙에 따라 움직여 왔다면, 이제 그가 말한 자연의 법칙이 무엇인지 고민해 보아야 할 때가 아닌가 합니다. 만물의 영장이라 믿었던 우리 인간의 오만이 보이지도 않는 바이러스에 처참하게 무너지는 것을 눈앞에서 확인했으니까요.

저의 스승인 맨프레드 케츠 드 브리스 교수는 여성적 가치를 지닌 집단, 즉 '화합과 돌봄을 이루는 조직'을 조직의 이상향으로 제시했습니다. 지금과 같은 어려운 시기에 구성원들이 소외를 넘어 밀실 공포(Cabin fever syndrome)에 사로잡히지 않게, 리더가 사회적으로 연결되어 있음을 확인시켜주어야 한다는 말입니다.

대학원 시절에 봤던 조직행동론 교과서 표지에는 늑대 사진이 있었습니다. 가장 완벽한 리더로 늑대를 꼽았기 때문인데, 혼자 어슬렁거리는 수컷 늑대가 아닌 암컷이 이끄는 모계 사회의 늑대 리더가 이상적인 리더라는 것이었습니다.

지금 우리에게 필요한 것은 홀로 우뚝 서는 리더십이 아니라 돌봄과 연결의 리더십입니다. 심리적 안전감이 높은 조직이 되어야 합니다. 바이러스와 같은 치명적인 위협이 있더라도 함께 하는 사람들끼리는 안전감을 느끼며 살 수 있어야 합니다.

바이러스와 나르시시스트들이 할퀴고 간 이 사회를 치유하고 다시 서계 하는 리더십을 우리 사회가 먼저 받아들이길 소망합니다. 남다른 회복 능력으로 늘 기적에 가까운 일을 해낸 것이 우리 대한민국입니다. 이 기로에서 적절히 대응하며, 나아가 자연과 상생하는 다음 단계를 여는 선진적 조직을 만드는 것이 이 시대 리더들의 소명일 것입니다.

심리적 안전감 높은 건강한 조직
체크 리스트

아래 10가지를 자문했을 때 '예'가 많을수록 심리적 안전감이 높은 조직입니다.

	체크 리스트	예	아니오
1	우리는 비록 틀릴 수 있더라도 자신의 의견을 내는 데 주저하지 않는다.		
2	우리는 보통 활력이 넘친다.		
3	구성원이 두통, 짜증, 좌절 등의 스트레스 반응을 잘 드러내지 않는다.		
4	우리 조직에서는 실수를 해도 비난받지 않는다.		
5	우리는 서로의 건강 상태에 관심을 갖는다.		
6	우리는 긍정적인 단어를 사용하는 편이다.		
7	우리는 잘 자고 건강하게 먹고 사는 편이다.		
8	우리 조직은 서로 공격하지 않는 안전한 환경이라고 느낀다.		
9	업무의 양이 적당하다고 생각한다.		
10	우리의 리더는 어려운 일이 생겼을 때 방패막이가 되어 준다.